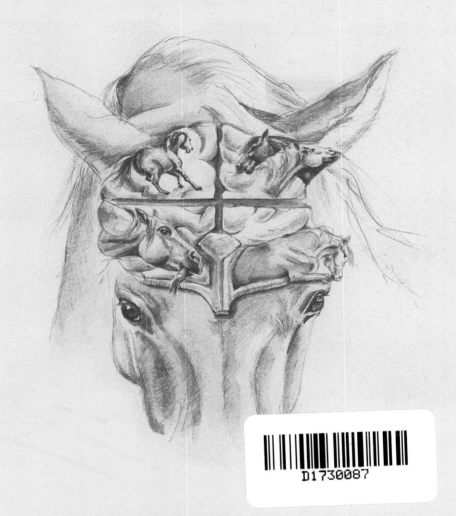

DIE INTELLIGENZ
DER
Pferde

Marlitt Wendt

DIE INTELLIGENZ DER
Pferde

Ein kluger Kopf unter jedem Schopf

CADMOS

Autorin und Verlag haben den Inhalt dieses Buches mit großer Sorgfalt und nach bestem Wissen und Gewissen zusammengestellt. Für eventuelle Schäden an Mensch und Tier, die als Folge von Handlungen und/oder gefassten Beschlüssen aufgrund der gegebenen Informationen entstehen, kann dennoch keine Haftung übernommen werden.

Impressum

Copyright © 2013 by Cadmos Verlag, Schwarzenbek
Gestaltung und Satz: Ravenstein, Verden
Lektorat: Anneke Fröhlich

Titelzeichnung und Zeichnungen im Innenteil: Susanne Retsch-Amschler
Fotos im Innenteil: siehe Fotonachweise

Druck: Himmer AG, Augsburg

Deutsche Nationalbibliothek – CIP-Einheitsaufnahme
Die Deutsche Nationalbibliothek verzeichnet diese Publikation in der
Deutschen Nationalbibliografie; detaillierte bibliografische Daten sind im Internet
über http://dnb.ddb.de abrufbar.

Printed in Germany
ISBN 978-3-8404-1038-3

Inhalt

(Foto: Shutterstock.de/Makarova Viktoria)

Inhalt

Vorwort

EINSTEIN
in Pferdegestalt?

Ein Fachbegriff im Buchtitel – schon halbiert sich die Leserschaft, so lautet eine Faustregel in der Verlagsbranche. Da das Thema Pferdeintelligenz so wichtig ist, wäre es schade gewesen, dieses Risiko einzugehen, indem man das Buch korrekterweise mit dem Stichwort Kognition bezeichnet hätte. Streng genommen ist dies nämlich genau das Thema dieses Buches: das Erkenntnisvermögen von Pferden. Der Begriff „Intelligenz" ist sehr einseitig und in einem menschlichen Sinne geprägt. Die Suche nach den „kognitiven Fähigkeiten" stellt eine größere Bandbreite dar, das Pferd kann so in Bezug auf seine ganz individuellen Möglichkeiten betrachtet werden und wird nicht in ein vorher festgelegtes Bewertungskonzept gepresst. Im Folgenden soll der Versuch unternommen werden, einen Überblick darüber zu gewinnen, was die Forschung in diesem so schnell voranschreitenden Gebiet für Ergebnisse dazu liefert, was Pferde von ihrer Welt verstehen, wie sie sich selbst sehen und wie wir uns ihrem Denken und Fühlen annähern können.

Bei meinen Vorträgen geht immer ein Raunen durch das Publikum, wenn ich berichte, dass in den USA schon diverse Miniponys zum Blindenführpferd ausgebildet wurden. Es erscheint vielen Reitern unglaublich, wie so etwas möglich sein kann. Sicher kann man über die artgerechte Unterbringung dieser Tiere streiten; unbestritten ist jedoch, dass sie genau das tun, was viele Jahre lang für undenkbar gehalten wurde: Sie erledigen einen Job, der sonst nur Blindenhunden vorbehalten war, und dies mindestens genauso gut (siehe Seite 45). Sie sind ebenso in der Lage, sich im Stadtverkehr zurechtzufinden, ihren blinden Menschen sicher über Treppen zu führen oder den nächstgelegenen Zebrastreifen anzuzeigen.

Gerade diese kleinen Pferde haben auch den Forschern bewiesen, dass mehr hinter den dichten Ponyschöpfen steckt, als man lange Zeit erwartet hat.

Inzwischen gehen die Forschungen noch weiter, sie befassen sich außer mit dem eindrucksvoll unter Beweis gestellten Lernverhalten der Pferde auch mit den weiteren Teilgebieten der Kognitionsforschung, wie etwa mit dem Gedächtnis der Pferde oder ihren komplexen Gehirnleistungen. Außerdem beschäftigen sie sich mit sämtlichen mentalen Prozessen, mit denen das Pferd seine Umwelt und sich selbst wahrnimmt, Probleme löst und sich an Vergangenes erinnert.

So erstaunlich viele Ergebnisse dieser Studien auch sein mögen – komplett eintauchen können wir natürlich immer noch nicht in den Geist des Pferdes. Vieles bleibt uns noch verborgen, aber es ist spannend, den für uns erfassbaren Anteil der Denkprozesse zu ergründen. Dabei wird immer deutlicher, dass das Pferd eben wie ein Pferd denkt und nicht wie ein Mensch. Es hat seine eigene Art der Intelligenz, nicht unbedingt eine bessere, aber auch keine generell schlechtere. In manchen Punkten sind Pferde dem Menschen sogar überlegen, in anderen können sie nicht einmal Kleinkindern das Wasser reichen. Im Laufe der Evolution haben sich die kognitiven Fähigkeiten des Pferdes genau so ausgeformt, wie es sich für das Überleben in der pferdischen Umwelt als passend erwiesen hat.

Marlitt Wendt, im August 2013

DIE UNTERSCHÄTZTE

Pferdelogik

Einführung in die Kognition der Pferde

Heutzutage stellen sich Forscher auf der ganzen Welt Fragen zum Erkenntnisvermögen der Pferde, um zu beantworten, wie diese wohl die Welt sehen – ein äußerst interessantes Forschungsgebiet. Was verstehen sie von dem, was um sie herum passiert? Können sie sich an einzelne Zusammenhänge erinnern oder Ereignisse bewerten? Wie sehen sie sich selbst und was verstehen sie von ihrer Umwelt und physikalischen Naturgesetzen? Und wie sehen die Pferde andere Tiere und auch uns Menschen? Verwenden sie im Kontakt zu fremden Spezies andere Kommunikationsformen und können Freundschaften zwischen unterschiedlichen Arten entstehen?

Für mich am wichtigsten ist die Frage, was wir von den Pferden lernen und wie wir für sie ein möglichst lebenswertes Pferdeleben garantieren können. Damit meine ich eine erfüllte Existenz, die nicht nur ihre körperlichen Bedürfnisse befriedigt, sondern in der sie auch in ihrer Persönlichkeit wahrgenommen und nach ihrem individuellen Potenzial geistig gefördert werden.

WARUM HAUSPFERDE
und keine Wildpferde?

Lange Zeit konzentrierte sich die Verhaltensforschung auf die Beobachtung von frei lebenden Pferden, wie etwa den Mustangs in den USA oder den Camargue-Pferden in Frankreich. Hier sollte das unverfälschte Leben unter natürlichen Bedingungen beobachtet und aufgrund der hier gewonnenen Daten auf die Natur und das Denkvermögen der Hauspferde an sich geschlossen werden. Die Sache hatte nur leider mehrere Haken: Zunächst einmal sind die heute wild lebenden Pferde keine

wirklichen Wildpferde, sondern verwilderte Hauspferde. Das Hauspferd ist ja nicht die domestizierte Form des Mustangs. Auch die Przewalski-Pferde sind keine direkten Vorfahren unserer Hauspferde, sondern eben lediglich nahe Verwandte. Was nun bei den Beobachtungen der Forscher für die eine Gruppe von Pferden galt, musste bei einer anderen Gruppe absolut nicht vorkommen.

Sehr wichtige Faktoren für die Kognition der Pferde sind neben der jeweiligen Umwelt auch ihr soziales Umfeld, ihre Lebenserfahrungen und ihre individuelle Persönlichkeit. All diesen Parametern wurde in den ersten Studien keine Rechnung getragen. Man kann Pferde nicht einfach gedanklich in einen Topf werfen. Es ist ein großer Unterschied, ob wir das Verhalten bei der Wassersuche bei Pferden in der Namib-Wüste beobachten oder ob wir eben dieses Verhalten im von Schnee und Eis geprägten Gletschergebiet auf Island betrachten. Pferde haben sich über viele Generationen mit ihrem Verhaltensrepertoire an die vorherrschenden Umweltbedingungen angepasst und besitzen dementsprechend besondere Stärken, aber auch Schwächen. Sie wären überfordert, wenn man sie vor Aufgaben stellte, denen sie aufgrund ihrer Herkunft nicht gewachsen sind. Das kognitive Spektrum der Pferde ist somit immer geprägt von dem feinen Zusammenspiel ihrer Lebensbedingungen, ihres genetischen Erbes, ihrer sehr persönlichen Lebensgeschichte und ihren Lernerfahrungen.

Vom „echten" Wildpferd, also dem Vorfahren unserer Hauspferde, der eben auch schon je nach Lebensraum auf unserer Erde in unterschiedlichen Typen vorkam, bis zu den vielen heute existierenden Pferderassen vollzogen sich tief greifende Veränderungen in körperlicher, aber auch geistiger Hinsicht. Zunächst konnte, wie bei den meisten Haustieren im Verlauf der Domestizierung, ein Prozess beobachtet werden, der zu einer Reduktion der Hirnmasse und zu einer Verminderung des Riech- und Hörvermögens geführt hat. Deswegen ist das Hauspferd allerdings kein „unvollständiges" Wildpferd – es hat sich nur an seine neue Umwelt angepasst und neue Fähigkeiten ausgestaltet, wie etwa die sozialen Bindungsmöglichkeiten anderer Arten und auch dem Menschen gegenüber. Während das prähistorische Wildpferd vor allem aufgrund seiner besonders leistungsfähigen Sinne extrem reaktionsschnell war und damit frühzeitig auf bedrohliche Situationen reagieren konnte, ist das heutige Hauspferd doch wesentlich ruhiger und vor allem dem Menschen gegenüber weniger scheu. Teilweise schlummert das Erbe der Wildpferde in jedem Pferd; es wird immer wieder Situationen geben, in denen das Pferd nicht rational überlegt, wie es sich verhalten soll, sondern rein emotional und spontan agiert. Bestimmte Situationen lösen etwa Urängste beim Pferd aus. So wird ein sich am Boden näherndes, quasi lauerndes Objekt immer misstrauisch beäugt werden, da es sich aus Pferdesicht hier im Zweifelsfall um den sprichwörtlichen Säbelzahntiger handeln könnte. Da sich manche der Wildpferd-typischen Reaktionen jedoch für den Gebrauch der Pferde in menschlicher Obhut wenig eigneten, versuchte der Mensch, das Pferd mithilfe der gezielten Zucht nach seinen Vorstellungen zu verändern. So wurde etwa generell Wert auf ein weniger aggressives Wesen gelegt und auf ein weniger ausgeprägtes Sexualverhalten der männlichen Tiere. Den Unterschied macht zum Beispiel ein Vergleich mit den auch heute

noch als Wildtiere lebenden Zebras deutlich. Zebras gelten als sehr schwer dressierbar, da sie eben die für das Haustierdasein besonders erwünschten Eigenschaften wie Zugewandtheit dem Menschen gegenüber oder weniger impulsives Verhalten nicht wie gezielt gezüchtete Haustiere besitzen.

Außerdem hat der Mensch die Fähigkeiten der Pferde geprägt, indem er sie in den letzten Jahrhunderten gezielt für seine Zwecke gezüchtet hat. Je nach Verwendungszweck entschied er sich für bestimmte Elterntiere, um deren Eigenschaften weiterzuvererben. So wählte er etwa für die Arbeit mit Rindern gezielt Tiere aus, die über das verfügten, was man später mit „cow sense" bezeichnete. Es handelte sich dabei um Pferde, die sozusagen ein Gespür für Rinder hatten, also keine Angst vor ihnen zeigten und sich gut in ihre Bewegungen und Verhaltensmuster einfühlen konnten. Ebenso wählte der Mensch besonders wendige und sprintstarke Tiere, aber eben auch solche, die sich sehr gut räumlich orientieren konnten und einen Überblick über zahlenmäßig größere Ansammlungen behielten. Deswegen sind die heutigen Quarter Horses aus gerade diesen für die Rinderarbeit gedachten Arbeitslinien selektiert worden und werden auch bei ähnlich gestalteten Kognitionstests sehr gut abschneiden. Sicher müssen auch individuelle Eigenschaften der einzelnen Tiere mit einbezogen werden, aber ein für die schwere Zugarbeit im Wald gezüchtetes Rückepferd etwa wird von Natur aus andere Eigenschaften mitbringen und eher in anderen Arbeitsbereichen glänzen und sich wohlfühlen.

Möchten wir uns also den kognitiven Fähigkeiten unserer Hauspferde annähern, so müssen wir sie mit all ihren verschiedenen Anlagen wahrnehmen und als einzigartige

Heutige Pferde reagieren anders als prähistorische Wildpferde, die von Säbelzahntigern angegriffen wurden.

Persönlichkeiten. Pferde begleiteten den Menschen auf dem Weg durch die verschiedenen Epochen ganz entscheidend. Ihre Fähigkeiten zur Kooperation mit anderen Pferden und auch dem Menschen, ihre Schnelligkeit und Ausdauer und auch ihre große Kraft ermöglichten es dem Menschen, sich immer weiter zu entwickeln. So gingen die Evolution des Menschen und seine Erfindungen und Entdeckungen, wie die Erfindung des Rades oder die Entdeckung neuer Kontinente, Hand in Hand mit der Zucht und damit Formung unterschiedlicher Pferdetypen und ihrer einzigartigen kognitiven Fähigkeiten.

Die unterschätzte *Pferdelogik*

Erst Studien bringen Klarheit darüber, ob zum Beispiel das Verhalten gegenüber anderen Tierarten individuell von der Persönlichkeit und den Erfahrungen eines einzelnen Pferdes abhängt oder als allgemeingültiges, pferdetypisches Verhalten anzusehen ist. (Foto: Shutterstock.de/Sari ONeal)

Aber braucht man dazu
STUDIEN?

Viele im vorangegangenen Kapitel beschriebene Aspekte werden dem interessierten Pferdeliebhaber wahrscheinlich schon bekannt sein. Warum also soll überhaupt auf wissenschaftlicher Ebene diesen Fragen nachgegangen werden, um dann Dinge zu erfahren, die Pferdemenschen doch ohnehin schon wissen? Immerhin gibt es jede Menge Bücher, in denen das Verhalten von Pferden genau beschrieben wird. Und jeder Pferdebesitzer kennt sein Pferd und seine Fähigkeiten doch selbst am besten, oder etwa nicht?

Tatsächlich können die Beobachtungen der Pferdebesitzer und Trainer interessante Ansätze für die Erforschung der Intelligenz und Kognition des Pferdes liefern. Allerdings reichen sie allein nicht aus, um das jeweils beobachtete Phänomen abschließend erklären zu können. Der Pferdetrainer besitzt zwar eine Fülle an Einzelfallbeschreibungen, aber diese sind immer nur für ein bestimmtes Tier und genau für die vorliegende Situation gültig. Hätte ein Außerirdischer etwa Albert Einstein bei seiner Arbeit beobachtet und aufgrund dieser Ergebnisse Schlussfolgerungen über die Intelligenz des Menschen im Allgemeinen gezogen und daraus die Mindestanforderung für die Kenntnis der Physik eines Erdenbürgers entwickelt, so würde sich die große Mehrheit der Menschen wohl von diesem Anforderungsprofil schlichtweg überfordert fühlen. Auch bei Pferden gibt es scheinbar besonders clevere Exemplare und andere, die uns nicht so sehr mit ihren geistigen Fähigkeiten beeindrucken; es sind dabei zumeist die leisen Talente und Fähigkeiten, die uns auf den ersten Blick verborgen bleiben. Zudem neigt jeder beobachtende Mensch dazu, das Verhalten des Tieres sehr subjektiv zu deuten und zu bewerten. Wir interpretieren Pferdeverhalten oft nach menschlichen Maßstäben, setzen Fähigkeiten als gegeben voraus oder beurteilen Fehler vorschnell als rein negativ.

Studien versuchen, all diese Schwierigkeiten zu vermeiden. In der Forschung sollen Daten gesammelt werden, um Erklärungsmodelle für Verhaltensweisen zu finden und um die vielfältigen Interpretationsmöglichkeiten auf ihre wahrscheinlichste Bedeutung zu prüfen. Nehmen wir uns ein Beispiel vor: Meine Haflingerstute Chihiro stellt sich, nachdem ich mit dem Absammeln der Weide fertig bin, immer auf ihren Putzplatz. Sie schaut mich dabei an und wartet geduldig an eben dieser Stelle, als wollte sie sagen: „Hier bin ich, lass uns zusammen etwas machen." Doch ist das wirklich die einzig mögliche Erklärung für dieses Verhalten? Interpretiere ich nicht eine Hoffnung in ihr Verhalten hinein? Wäre Chihiro ein Mensch, so könnte er sagen, warum er sich so verhält. Er würde vielleicht sagen, dass er erkannt hat, dass ich mit der Arbeit fertig bin und nun Zeit für ihn habe. Möglich, dass meine Stute das ebenso erkennt. Sie könnte aber auch schlicht aus der Erfahrung heraus meinen typischen Zeitablauf gelernt haben und diesen vorwegnehmen. Viele Pferde orientieren sich sehr stark an Gewohnheiten und haben ein sehr gutes Zeitgefühl. Sie könnte mich auch genau beobachtet haben und meine Absicht erkennen, etwa dass ich im Begriff bin, ihr Putzzeug aus der Sattelkammer zu holen. Sie könnte aber auch ganz einfach darauf hoffen, dass sie eine Belohnung für ihr braves Verhalten erhält, wie sie es in der Vergangenheit schon häufig erlebt hat. Eventuell juckt es sie auch am Rücken und sie will mich als „Werkzeug" benutzen, da sie selbst diese Stellen nicht erreichen kann. Oder es ist schlichtweg Zufall.

Wollen wir nun herausfinden, was diese spezielle Verhaltensweise wirklich bedeutet, so brauchen wir kontrollierte Bedingungen. Nur so können wir ausschließen, dass Rahmenbedingungen immer wieder anders sind und das Verhalten sich nicht miteinander vergleichen lässt. In Verhaltensstudien werden die Probanden-Pferde mit einer vorher genau festgelegten Situation konfrontiert. Diese wurde aufgrund der vorher geleisteten Beobachtungen und der daraus abgeleiteten Thesen entwickelt. Während des Versuchsablaufs würde man nun dafür sorgen, dass immer nur definier-te Elemente eines Ablaufs geändert werden. Will man nicht nur nachweisen, ob meine Chihiro ein Zeitgefühl besitzt, sondern Pferde im Allgemeinen in der Lage sind, bestimmte Zeitpunkte wiederzuerkennen, so würden wir eine Stichprobe auswählen. Wir können ja nicht sämtliche Pferde dieser Erde in unsere Studie mit einbeziehen, daher wählen wir eine Gruppe an Pferden aus, die möglichst repräsentativ ist, also den Pferdetyp widerspiegelt, den wir testen wollen. Wollen wir also Hauspferde testen, so werden wir keine Przewalskipferde für unsere Datenaufnahme auswählen. Wenn wir wissen wollen,

Die unterschätzte *Pferdelogik*

Möchte man etwas über die speziellen Eigenschaften einer bestimmten ursprünglichen Rasse erfahren, so bietet es sich an, sie in ihrem natürlichen Umfeld zu beobachten, wie diese Gruppe Exmoorponys in ihrer Heimat. (Foto: Shutterstock.de/eastern light photography)

ob Hengste und Stuten gleichermaßen dieses Verhalten zeigen, müssen wir beide Geschlechter mit einbeziehen. Lassen wir sämtliche Testpferde unsere Aufgabe durchlaufen, so können wir die Ergebnisse miteinander vergleichen.

Wollen wir dabei testen, ob es eine Rolle spielt, dass Chihiro ihr Verhalten erst im Laufe der Zeit mit mir erlernt hat, würden wir zwei Gruppen miteinander vergleichen. Die eine Pferdegruppe wird vorher mit Belohnungen trainiert, dass sie sich selbstständig auf eine bestimmte Position stellt, die andere Gruppe nicht. Nun haben wir sozusagen eine Kontrollgruppe, die dokumentiert, ob ein bestimmtes Verhalten hauptsächlich erlernt ist oder

ob vielmehr eine angeborene Fähigkeit dafür verantwortlich ist.

Extrem wichtig beim Erstellen von Studien ist es, dass der Versuchsleiter möglichst wenig voreingenommen ist, da es sonst passieren kann, dass er wertet und das Ergebnis in eine bestimmte Richtung lenkt. Aus diesem Grund werden häufig Videoaufnahmen gemacht, die später analysiert oder sogar von Personen nach einem festgelegten Schema bewertet werden, die gar nicht wissen, was eigentlich in dieser Studie erarbeitet werden soll. Wer die Fragestellung nicht kennt, beurteilt eher das tatsächlich beobachtbare Verhalten und richtet sich weniger nach dem, was er gern sehen würde. Diese Vorgehensweise zwingt den Versuchsleiter auch dazu, klare und eindeutige Beurteilungskriterien festzulegen, die nicht nur er selbst in einer Situation beobachten kann, sondern die auch von anderen gleichermaßen identifiziert werden können.

Im Anschluss an die Phase der Datenaufnahme folgt die mindestens ebenso wichtige Arbeit der statistischen Auswertung. Es verhalten sich ja nicht alle teilnehmenden Pferde gleich, sodass das Ergebnis auf den ersten Blick eindeutig wäre. Im Normalfall dient die Statistik dazu zu entscheiden, ob Unterschiede zwischen Ergebnissen zufällig entstanden sind oder ob diese in einem Kausalzusammenhang stehen. Darüber hinaus kann sich der Versuchsleiter über die statistische Auswertung ein genaues Bild von der Verteilung der Daten machen und zum Beispiel überprüfen, welche Verhaltensweisen von den meisten Tieren gezeigt werden und welche eher selten.

Erst nach der statistischen Auswertung folgt die Interpretation der Daten, die Diskussion darüber, warum Pferde sich so oder so verhalten und inwiefern dieses Verhalten nützlich, also „intelligent" aus Sicht der Tiere ist. Hier werden auch mögliche Fehlerquellen aufgedeckt. War beispielsweise der Versuchsaufbau wirklich geeignet, um eine allgemeingültige Aussage treffen zu können? War das Tier motiviert genug oder hatte es vielleicht Stress in dieser Situation? Ganz wichtig ist auch die Frage, ob ein Pferd überhaupt anatomisch in der Lage ist, eine bestimmte Aufgabenstellung zu erfüllen. Wollte man etwa dem Pferd beibringen, einen Text aus einem Buch wiederzuerkennen, so wird allein die Tatsache, dass das Pferdeauge eher für die Fernsicht konzipiert ist, diese Versuchsanordnung disqualifizieren. Wir müssten also dann einen Versuchsaufbau entwickeln, bei dem der Text auf großen Tafeln präsentiert wird. Haben nun unsere Testpferde die betreffenden Textseiten nach einigen Durchläufen identifizieren können, so gilt es, die Mechanismen ihres Lernerfolgs näher zu untersuchen. Abschließend müssten wir dann noch ergründen, ob alle Pferde dieselbe Strategie verfolgen oder ob individuelle Unterschiede und kreative Lösungsmöglichkeiten der einzelnen Tiere zu demselben Ergebnis führten.

Verschiedene Arten von Verhaltenstests

Je nachdem, welche Fragestellung in einer Studie beleuchtet werden soll, bieten sich unterschiedliche Arten von Studien an. Ganz grob unterteilen kann man diese Studien in beschreibende Studien, bei denen wir etwa eine Pferdeherde beobachten und registrieren, wann ein bestimmtes Verhalten gezeigt wird, und experimentelle Studien, bei denen wir das einzelne Pferd ganz konkret vor eine Aufgabe stellen und daraufhin die Daten auswerten. Diese beiden wissenschaftlichen Vorgehensweisen haben jeweils ihre Vor- und Nachteile und ergänzen sich im Idealfall. Sicher will man herausfinden, wie das natürliche Leben der Pferde sich in ihrem Verhaltensrepertoire widerspiegelt und wie sie sich den unterschiedlichen Herausforderungen ihres Lebens stellen. Diese Art der Datenaufnahme in der Pferdeherde ist allerdings sehr zeitaufwendig und komplex, da immer das Verhalten mehrerer Tiere zueinander beobachtet werden muss. Die Arbeit im Experiment zeigt uns dagegen ganz konkrete Details, wir erfahren jedoch wenig über den

Die unterschätzte *Pferdelogik*

Im Ethogramm werden sämtliche beobachtbaren Verhaltensweisen genau beschrieben, wie zum Beispiel die unterschiedlichen Elemente des Spielverhaltens. (Foto: Shutterstock.de/Olga_i)

Gesamtzusammenhang und können das beobachtete Verhalten eventuell nur schwer in den natürlichen Alltag einordnen.

Beiden Varianten gemein ist es, dass gesammelte Informationen wissenschaftlich korrekt aufgezeichnet werden müssen. Es reicht nicht zu sagen: „Pferd A hat öfter intelligentes Verhalten als Pferd B gezeigt." Wir müssen vielmehr die Verhaltensweisen genau benennen und sie auch quantifizieren, um etwa zu berechnen, wie viel häufiger ein Verhalten vorkommt. So werden wir bestimmte Verhaltensweisen auswählen, die wir für unsere Fragestellung als wichtig erachten, und diese ganz genau definieren.

Wollen wir etwa beschreiben, wie genau ein Pferd sich bewegt, wenn es etwas Bestimmtes macht, so erstellen wir ein sogenanntes Ethogramm, eine Art Katalog für Verhaltensweisen, in dem genau aufgelistet ist, welche Möglichkeiten es gibt. So wird sich nicht nur schlicht der Begriff „stehen" finden, sondern eben auch „stehen und dabei grasen", „mit ruhendem Hinterfuß stehen" oder „neben einem Artgenossen stehen". In einem aussagekräftigen Ethogramm werden Verhaltensweisen so beschrieben, wie sie beobachtet werden können; Wertungen oder Interpretationen werden nicht aufgeführt. Wir können ja niemals wissen, was im Kopf des jeweiligen Pferdes in dieser Beobachtungssituation vorgeht, und sollten uns daher einer subjektiven Einordnung enthalten. Schon eine so unverfängliche Schlussfolgerung wie: „Mein Pferd steht jetzt auf der Weide und frisst Gras, es muss wohl hungrig sein", beinhaltet bereits

Beim Behavioral-Sampling wartet man auf das Auftreten eines speziellen, seltenen Verhaltens, wie etwa auf den Konflikt zweier Junghengste beim Rangeln um eine Stute. (Foto: Shutterstock.de/AndreAnita)

unsere eigene Wertung. Denn es könnte genau in diesem Moment sein, dass das Pferd nur als Übersprungshandlung grast und nicht etwa, um seinen Hunger zu stillen.

In einer neutralen Studie werden wir nun lediglich die verschiedenen Verhaltensweisen notieren, entweder als Ereignis, um herauszufinden, wie oft sie stattfinden, oder als Zustände, um zu ermitteln, von welcher Dauer sie sind. In einer Einarbeitungsphase werden wir unsere Testpferde einfach so beobachten, wir zeichnen unvoreingenommen alles auf, was uns auffällt. So gehen wir auch in unserer Freizeit vor: Wir schauen mal hin, dann wieder nicht, und merken uns die Dinge, die wir für wichtig halten. Diese Vorgehensweise birgt große Gefahren: Wir übersehen dabei erfahrungsgemäß viel zu viel und konzentrieren uns

vorschnell auf bestimmte auffällige Aspekte, die wir unbewusst als wichtig erachten, oder aber wir sammeln einfach wahllos Einzelbeobachtungen. Daher haben sich in seriösen Verhaltensstudien unterschiedliche Techniken entwickelt, wie man das Verhalten von Pferden korrekt beobachtet.

Es gibt grundsätzlich drei verschiedene Möglichkeiten der Datenaufnahme bei der Pferdebeobachtung: Wir können entweder das sogenannte Scan-Sampling anwenden, bei dem wir eine Gruppe von Tieren zu einem bestimmten Zeitpunkt „abscannen" und aufzeichnen, was welches Tier gerade macht. Wir können aber auch beim Focus-Sampling ein bestimmtes Individuum in den Mittelpunkt unserer Beobachtung rücken und alles aufzeichnen, was dieses Tier über einen gewissen

Die unterschätzte *Pferdelogik*

In wissenschaftlichen Studien werden Pferde gezielt vor die Aufgabe gestellt, sich zwischen zwei Möglichkeiten zu entscheiden.

Zeitraum tut. Oder wir können beim Behavioral-Sampling auf das Auftreten eines bestimmten Verhaltens warten und die Begleitumstände so genau wie möglich beschreiben.

Jede dieser Techniken wird kombiniert mit einer bestimmten Art der Aufzeichnung. Unsere Daten können wir entweder kontinuierlich aufzeichnen, also quasi in Echtzeit dokumentieren, oder in Intervallen notieren, also unsere Daten zu bestimmten festgelegten Zeitpunkten sammeln. Nur wenn wir für unsere Fragestellung die richtige Form der Beobachtungstechnik wählen, werden wir später die statistischen Verfahren korrekt auswerten und so sinnvolle Aussagen treffen können.

Genau hier liegt die Schwachstelle der Pferdeethologie in der Vergangenheit und auch einiger aktueller Arbeiten in diesem Bereich: Viel zu viele Einzelbeobachtungen von Pferdetrainern, Pferdestudien oder Anekdoten stützen sich nicht auf eine klar definierte Technik und sind daher wissenschaftlich nicht korrekt erarbeitet. So lassen sich leider viele

angeblich sichere Daten nicht wirklich verifizieren, sie lassen viel Raum für Spekulationen und deren Auslegung. Um wirklich herauszufinden, wie clever unsere Pferde sind, ist es daher für uns immer notwendig, kritisch zu hinterfragen: Wer hat diese Daten erhoben? Steht hinter diesen Aussagen eventuell eine ganz bestimmte Absicht? Wie wurden diese Informationen überhaupt zusammengetragen?

Pferde im Intelligenztest

In diesem Buch geht es um sämtliche Formen der Beobachtungen des Pferdeverhaltens, denn ob es nun Anekdoten, historische Daten oder eben wissenschaftliche Studien sind: Sie alle haben ihren Wert, wenn man sie angemessen einordnet und zueinander in Bezug setzt. Wir wollen sowohl den Einzelfall entdecken und über erstaunliche Fähigkeiten eines bestimmten Pferdes staunen als auch die Verhaltensweisen von Pferden in freier Natur auswerten

und die Erkenntnisse der modernen Kognitionsforschung verstehen. Alles gemeinsam vervoll-
ständigt erst das Puzzle zur Intelligenz der Pferde.

Intelligenztest, das klingt nach Tierversuch,
Versuchskäfig und wenig Spaß für das Pferd.
Die moderne Kognitionsforschung möchte
jedoch herausfinden, welche intellektuellen
Leistungen das Pferd aus freien Stücken, aus
sich selbst heraus zu leisten in der Lage ist.
Zu diesem Zweck werden Versuche spielerisch
aufgebaut und mit Belohnungen begleitet.
Das Pferd handelt hier freiwillig, es darf den
Versuch auch jederzeit abbrechen, wenn es
keine Lust mehr hat oder sich unwohl bezie-
hungsweise überfordert fühlt.

Die Erkenntnisse dieser unterschiedlichen
Kognitionsaufgaben werden häufig mit den
Ergebnissen von Menschen oder anderen
Tierarten in ähnlichen Aufgabenfeldern verglichen. Hier soll nicht etwa nur eingeordnet
werden, ob ein Pferd nun intelligenter als ein
Hund oder ein Schwein ist, sondern die Bio-
logen möchten der Evolution der Intelligenz
auf die Schliche kommen und herausfinden,
wie und wann sich welches kognitive Niveau
im Laufe der Entwicklungsgeschichte des
Lebens auf der Erde entwickelt hat und welche ökologischen Umstände die eine oder
andere Form der Intelligenz begünstigt haben.
Wir wissen heute, dass Pferde sehr viel mehr
können und verstehen, als man ihnen noch
vor wenigen Jahren überhaupt zutraute. Auf
dem langen Weg durch die Erdgeschichte ist
das Pferd zu dem erstaunlichen Lebewesen
gereift, das wir heute auf den Weiden vorfin-
den und das wir für unsere Zwecke in der
Freizeit oder auch beruflich nutzen. Das
moderne Pferd ist somit das Erfolgsmodell
seiner eigenen Evolution, es besitzt daher
seinen ganz spezifischen Pferdeverstand.

Was verstehen PFERDE?

Um zu erkennen, wie Pferde denken und was
sie von der Welt verstehen, müssen wir uns
zunächst mit ihrer Wahrnehmung beschäftigen. Unter Wahrnehmung versteht man den
Prozess der Informationsverarbeitung von
äußeren Sinneseindrücken, inneren Empfindungen und dem Abgleich dieser Reize mit
den bereits erlebten Erfahrungen. Das Abbild
der Realität setzt sich beim Pferd aus vielen
einzelnen Teilbildern zusammen, die vom
Individuum ganz subjektiv zu einem Gesamtbild, seiner eigenen Realität, seiner kleinen
Welt ineinandergefügt werden. Sinn ergibt
dieser Gesamteindruck nur für das jeweilige
Pferd, es ist seine Wahrheit, ebenso wie wir
immer in unserer eigenen Wahrheit leben.

Jeder Mensch und jedes Pferd sieht die Welt
buchstäblich mit anderen Augen. Nicht nur,
dass uns die Funktionsweise unserer Sinne
grundsätzlich unterscheidet, ein Pferd etwa
wesentlich besser weit entfernte Bewegungen
wahrnehmen kann als wir – auch die Verarbeitung dieser Sinnesreize und die Filter, durch
die wir die Umwelt betrachten, unterscheiden
sich von Individuum zu Individuum. In diesem
Zusammenhang wird die Wahrnehmung eines
Lebewesens, die Gesamtheit seiner subjektiven
Wahrheiten, auch als Perzeption bezeichnet.
Jedes Pferd und jeder Mensch betrachtet seine
Umwelt selektiv und bildet unbewusst aus
den eintreffenden Wahrnehmungsbildern ein
Vorstellungsbild, das nicht nur von den physikalischen Eigenschaften eines Reizes, sondern
vor allem auch von den beteiligten Emotionen
geprägt ist. Niemand kann ein wirklich ob-
jektives Bild von der Welt sein Eigen nennen,
denn jedes Gehirn ist ein Sinnsucher. Ob
Richter, Künstler oder Bibliothekar: Alle

Pferde beobachten ihre Umgebung sehr genau und haben eine innere Vorstellung von der Wirklichkeit. (Foto: Shutterstock.de/Photography by Gini)

erschaffen immer ein subjektives Abbild ihrer Außenwelt. Die innere Vorstellungswelt eines Pferdes stützt sich auf seine Erinnerungen, Erfahrungen und Empfindungen und orientiert sich an einmal für sinnvoll erachteten Konstrukten oder auch Vorurteilen.

Bei der Wahrnehmung des Pferdes greifen zwei Prozesse ineinander: die Exterozeption und die Interozeption. Beim Prozess der Exterozeption geht es um die Betrachtung der Außenwelt mit allen verfügbaren Sinnesorganen, während mit dem Prozess der Interozeption die Fokussierung auf Vorgänge im Inneren des eigenen Körpers gemeint ist. Das Pferd nimmt seine Außenwelt zunächst über die allseits bekannten Sinne wahr: Es kann hören, sehen, schmecken, riechen und fühlen. Daneben sind für das Verstehen der Wahrnehmung des Pferdes auch noch der Gleichgewichtssinn

und das Zeitgefühl oder auch die neuerdings vermutete Orientierung am Magnetfeld der Erde wichtig.

Beim Fühlen lassen sich mehrere Bereiche unterscheiden. Es ist für das Pferd durchaus ein Unterschied, ob es Objekte ertastet, also mit seinen Tasthaaren und Lippen oder mit den Hufen Gegenstände aktiv berührt, oder ob es passiv beim Streicheln des Menschen berührt wird. Das Erstere wird als haptische Erfahrung eingeordnet, das Letztere gehört zum Bereich der Oberflächensensibilität.

Für die Wahrnehmung der Körperfunktionen im Inneren des eigenen Körpers besitzt das Pferd sogenannte Propriozeptoren, die der Einschätzung der Position des Körpers und seiner Bewegung im Raum dienen, und die Viszerozeption, die die Funktion der Organe überwacht. Ein Propriozeptor ist sozusagen ein Mini-Sinnesorgan, das über den gesamten Pferdekörper verteilt spezielle Informationen aus dem jeweiligen Körperteil an das Gehirn sendet. In den Muskeln des Pferdes existieren sogenannte Muskelspindeln, die das Pferdegehirn über die Dehnung eines Muskels und damit über die Stellung des gesamten Körpers und über die Feinmotorik informieren. Auch in den Gelenken und an den Sehnen befinden sich solche Propriozeptoren, die dem Pferd ganz differenzierte Bewegungen erlauben. Erst das Zusammenspiel dieser wichtigen kleinen Hilfsorgane lässt den Pferdekörper reibungslos funktionieren. Ist die Propriozeption des Pferdes durch Krankheiten, die Gabe bestimmter Medikamente oder einfach durch zu geringe Bewegungserfahrungen im Fohlenalter entscheidend gestört, so kann das Pferd sich nicht mehr wie gewohnt bewegen. Unfälle werden so zum Beispiel nach dem Erwachen eines Pferdes aus einer Narkose wesentlich wahrscheinlicher. Auch die inneren Organe des Pferdes besitzen solche Warnsysteme, die über die Viszerozeption die Funktion und Zuverlässigkeit des jeweiligen Organs überwachen.

Wie Wahrnehmung funktioniert

Jedes Sinnesorgan des Pferdes ist auf eine bestimmte Art von Reizen ausgerichtet. Das Pferdeauge etwa nimmt nur Lichtwellen auf, es fokussiert also das auf das Auge treffende Licht über das Linsensystem auf Rezeptoren, die die Strahlung in Nervenimpulse umwandeln und weiter an den dazugehörigen Bereich im Pferdegehirn leiten, an das zuständige sensorische Gehirnareal. Der Sinneseindruck ist sozusagen eine rein körperliche Empfindung,

während die Wahrnehmung erst im Gehirn entsteht durch das Abgleichen mit schon vorhandenen Erfahrungen und mit dem Bewerten der beteiligten Emotionen. Erst durch den Prozess der Wahrnehmung ist das Pferd in der Lage, wirklich zu sehen und Lebewesen oder Gegenstände auch als solche zu erkennen.

Der dem jeweiligen Sinnesorgan zugehörige Hirnbereich ist sozusagen eine Projektionsfläche, auf der das Pferd seine Welt entwirft und seine Assoziationen tätigt. Das Pferd und ebenso der Mensch entwerfen auf der Leinwand des Gehirns ihr Bild von der Wirklichkeit. Wie dieses Kunstwerk im Detail ausgestaltet ist, sagt dabei mehr über den Künstler, also über das Pferd oder den Menschen, aus als über die tatsächlich vorhandene Realität.

Man kann sich die Wahrnehmung des Pferdes wie einen Kreislauf vorstellen, der in immer derselben Richtung verläuft. Zunächst tritt ein distaler Reiz, also eine physikalisch messbare Größe wie etwa ein bestimmter Geruch, ein Geräusch oder eine Temperatur auf. So ergibt beispielsweise das Wiehern eines Pferdes ein Geräusch, eine Schallwelle. Diese Schallwelle trifft auf das dazugehörige Sinnesorgan eines anderen Pferdes, es wird im Ohr in eine Spannungsänderung umgewandelt. Die Energie der Schallwelle wird in diesem Prozess der Transformation zu einem Informationscode, der im Körper weitergeleitet wird. Über die Nervenbahnen gelangt der Reiz in das betreffende Gehirnareal. Erst wenn der Reiz dort angekommen ist und verarbeitet wird, setzt die Wahrnehmung ein: Aus der Schallwelle wird ein Geräusch wiedererkannt oder sogar als bestimmter Ton das Wiehern eines befreundeten Pferdes. Erst durch den Prozess der Wahrnehmung ist das

Die unterschätzte *Pferdelogik*

Pferde erkennen einen Freund schon aus der Ferne an seiner typischen Mimik und seinem charakteristischen Verhalten.

Pferd bereit zu handeln und kann sinnvolle Entscheidungen treffen. Die vertraute Stimme eines Artgenossen entsteht also erst im Kopf des Pferdes – es ist wie mit einem Lieblingssong, der Erinnerungen wachruft, Bilder entstehen lässt und uns in eine gute Stimmung versetzt, obwohl es sich ganz unromantisch doch nur um eine Luftdruckänderung an unserem Ohr handelt.

Ein Beispiel verdeutlicht die Situation: Das Auftauchen eines befreundeten Pferdes übermittelt viele Reize, für die unser Pferd die geeigneten Sinnesorgane zur Wahrnehmung besitzt: Es reflektiert Licht, es sendet Geruchspartikel aus und es erzeugt Schallwellen beim Wiehern. Dies alles sind die oben bereits genannten distalen Reize, die auf die jeweiligen Sinnesorgane des Pferdes treffen. Die Gesamtheit der beteiligten Reize wird sozu-

sagen in ihrer unbearbeiteten Form „große helle Masse, gleichmäßige Fortbewegung, geruchswirksame Duftstoffe, Schallquelle" aufgenommen und an das Pferdegehirn weitergeleitet. Hier entsteht das Gesamtbild „anderes Pferd" und erst durch die Kognition, die Informationsverarbeitung und das Abgleichen mit Erinnerungen und Gefühlen die Vorstellung „mein Freund".

Wahrnehmung: kontextabhängig und veränderbar

Das Pferd nimmt Gegenstände und Umweltfaktoren immer im Kontext der Umgebung wahr. So erscheint ein Gegenstand, der sich nicht so verhält, wie er es erfahrungsgemäß für das Pferd tun sollte, ganz anders und gilt damit eventuell als ein Risikofaktor. So wird ein Pferd, das an Mülltonnen grundsätzlich gewöhnt ist, durchaus einmal scheuen, wenn es zum ersten Mal auf eine umgeworfene, am Boden liegende Mülltonne trifft. Obwohl sie natürlich von der Größe, Farbe und Form her genauso ist wie die bisher bekannten Mülltonnen, so ist ihre Ausrichtung und Verortung jedoch nicht typisch. Diese Andersartigkeit erregt die Aufmerksamkeit, mahnt zur Vorsicht und führt dazu, dass sie erst neu erkundet werden muss, bevor diese erneute Erfahrung zu einem positiven Abgleich in den Erinnerungen führt.

Damit kommen wir auch schon zum nächsten Aspekt der Wahrnehmung, nämlich der Veränderbarkeit. Die Wahrnehmung eines identischen Gegenstands kann ganz unterschiedlich ausfallen, da die Wahrnehmung über die Lernprozesse des Pferdes immer wieder neu angepasst wird und sich stetig verändert. Selbst ein blindes Pferd kann lernen, Hindernisse durch eine Art der Echoortung, wie es Fledermäuse meisterhaft vermögen, zu erkennen und zu umgehen. Es schafft sich damit selbst einen Ersatz für die fehlende optische Wahrnehmung und kann lernen, ein inneres Bild entstehen zu lassen, als hätte es noch seine Sehfähigkeit. Die Kognition des Pferdes ist damit in höchstem Maße anpassungsfähig.

Die kognitive Leistungsfähigkeit des Pferdegehirns zeichnet sich durch seine hohe Flexibilität aus. Gleiche Sinneseindrücke werden von jedem Tier unterschiedlich wahrgenommen, das heißt, sie werden sehr individuell bewertet und empfunden. Bildlich gesprochen lebt jedes Lebewesen auf einer Insel in einem weiten Ozean und kommuniziert mit seinen Mitgeschöpfen nur über abstrakte

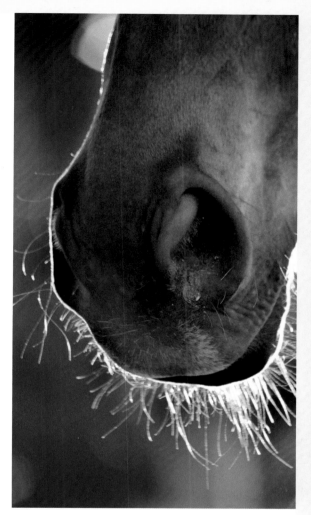

Der für uns fremdartige Tastsinn über die Tasthaare an den Nüstern des Pferdes stellt eine immens wichtige Facette ihrer Wahrnehmung dar.
(Foto: Shutterstock.de/ashkabe)

Botschaften, die es mithilfe einer Flaschenpost erhält oder versendet. Wir empfangen nämlich von unserer Außenwelt lediglich ein wenig elektromagnetische Strahlung durch unsere Augen, Luftdruckänderungen an unserem Ohr oder Moleküle, die unsere Nase kitzeln. Sinn ergeben diese Nachrichten erst in unseren Gehirnen – und der ist für Pferd und Mensch immer einzigartig.

Die unterschätzte *Pferdelogik*

PFERDE
denken anders

Wie intelligent sind Pferde?

Rein optisch erscheint es offensichtlich, was ein Pferd ausmacht, und jeder von uns kann es bereits anhand der Silhouette identifizieren. Aber ist da nicht noch mehr, eben ein entscheidender unsichtbarer Anteil, der es erst zu einem Pferd werden lässt? Es ist seine ureigene Form der Intelligenz, seine Wahrnehmung, und wie es sich in dieser Welt bewegt, wodurch sich das Pferd von allen anderen Lebewesen unterscheidet. Deshalb kann man auch nicht einfach die Ergebnisse, die in der Kognitionsforschung an Menschen, Delfinen oder Ratten erhoben wurden, eins zu eins auf das Pferd übertragen. Um das Pferd als solches zu verstehen, müssen wir herausfinden, was die Denkweise der Pferde ausmacht, also was genau in ihrem Fühlen und Handeln sie zum Pferd macht. Dabei ist es generell nicht einfach zu definieren, was intelligentes Handeln überhaupt bedeutet. „Intelligent" heißt nicht unbedingt gleich „schlau", denn ebenso kann sich auch ein vermeintlich „dummes" Verhalten später für ein Pferd auszahlen und somit doch clever sein.

Pferdeintelligenz
IM VISIER

Heute wissen wir, dass die Gesamtheit der Intelligenz eine Summe aus unterschiedlichen Faktoren darstellt, die sich gegenseitig ergänzen, aber auch abschwächen können. Die mentale Ausstattung eines Pferdes wird zum Teil vererbt, zu einem großen Anteil aber auch erlernt und durch Umwelteinflüsse und soziale Beziehungen beeinflusst. Besonders wichtig ist dabei die Tatsache, dass all diese Bereiche ineinandergreifen und nicht voneinander getrennt werden können. Die genetischen

Anlagen des Pferdes können etwa durch Förderung oder günstige Nahrungsbedingungen noch verbessert oder aber durch mangelnde Aufmerksamkeit oder Krankheit geschwächt werden. Insbesondere das soziale Umfeld des Pferdes, seine Herde, beeinflusst den Grad seiner geistigen Leistungsfähigkeit entscheidend. Lebt das Pferd etwa unter schwierigen Bedingungen, mit ständig wechselnden Herdenmitgliedern in relativer Enge und unter Futterknappheit, so wird dies direkte Auswirkungen auf seine kognitiven Fähigkeiten haben.

Der Garant für die gesunde Entwicklung des Pferdes ist die Orientierung an möglichst naturnahen Lebensbedingungen. Beim Menschen gibt es sogenannte „Risikofaktoren", die bezeichnen, wie stark die geistige Entwicklung eines Kindes bei deren Auftreten negativ beeinflusst wird. Zu den typischen Risikofaktoren zählen beim Menschen neben Drogenkonsum der Eltern und Armut auch Faktoren wie junges Alter der Eltern oder allgemeine Disharmonie innerhalb der Familie. Dabei kann ein gesundes Kind natürlich den einen oder anderen Risikofaktor unbeschadet kompensieren. Je mehr dieser Faktoren sich jedoch im Leben aufsummieren, desto wahrscheinlicher wird die geistige Entwicklung eingeschränkt.

Beim Pferd können wir gleichfalls viele dieser Risikofaktoren beobachten, die die Entwicklung der kognitiven Fähigkeiten ebenso entscheidend beeinflussen. Leider haben erschreckend viele Pferde mit multiplen Risikofaktoren zu kämpfen und dadurch niemals die Chance, ihr wirkliches geistiges Potenzial zu zeigen. In heutigen Pferdezuchten herrscht nicht immer eine harmonische Gemeinschaft, die allermeisten Fohlen werden schon früh mit dem ständigen Pferdewechsel in ihrer Geburtsfamilie, der damit

Pferde *denken anders*

Ein glücklicher Start ins Pferdeleben. (Foto: Shutterstock.de/Michael Rucker)

verbundenen Orientierungslosigkeit und spätestens mit dem häufig zu früh praktizierten Absetzen zutiefst verunsichert. Hinzu kommt, dass die wenigsten Pferdekinder überhaupt behütet und in Anwesenheit ihrer beider Elternteile, ihrer Mutter und auch ihres Vaters, und mit älteren Geschwistern und Verwandten, Spielkameraden und Freunden in ein stabiles, von der Natur vorgesehenes Gefüge hineingeboren werden und dort in ihrer Persönlichkeit in Ruhe ausreifen können. Viele Pferdemütter sind darüber hinaus ihrerseits ebenso unter solchen Bedingungen aufgewachsen und eventuell noch so unerfahren, dass sie sich eigentlich nicht in die Rolle der Mutter einfinden können.

Ganz besonders Disharmonie und Stress gelten als Risikofaktoren schlechthin für ein vermindertes geistiges Potenzial. Hierzu zählen auch die Boxenhaltung, Einschränkungen im Futter oder auch die Überforderung beim Reiten. Trainingsmethoden, die Pferde eher zu Befehlsempfängern degradieren und die einseitig auf eine sportliche Nutzung des Tieres ausgerichtet sind, bieten keinen Raum für die natürliche Entfaltung von Intelligenz. Auch die wechselnden Aufenthaltsorte, neue menschliche Bezugspersonen und die aufreibende Integration in fremde Gruppen bereitet Pferden Stress und erstickt ihre Entfaltungsmöglichkeiten bereits im Keim.

Positive Einflüsse

Möchte man die Natur seines Pferdes achten und eine selbstbewusste, eigenständig denkende Persönlichkeit zulassen und ihm helfen, sein volles Potenzial zu entfalten, so gibt es neben den später genauer beschriebenen Förderungsmöglichkeiten einige grundlegende Aspekte, die unbedingt beachtet werden müssen.

Pferde brauchen ein pferdegerechtes Umfeld, das sich so nah wie möglich an ihren Bedürfnissen als Herdentiere orientiert. Sie können sich in einer naturnahen Umgebung mit Bewegungsmöglichkeiten, unterschiedlichen Anforderungen an die Art der Nahrungsaufnahme und befreundeten Pferden beschäftigen und die Seele baumeln lassen. Gift für eine gesunde kognitive Entwicklung ist Vernachlässigung. Auch Pferde wollen nicht einfach „aufbewahrt" und wie Gegenstände von A nach B transportiert werden. Die von ihnen geliebten anderen Pferde und ihre Bezugspersonen sind wichtig für ihr Wohlbefinden.

Eine bedeutende Rolle spielt auch die ausgewogene Ernährung. Pferde sind darauf ausgelegt, quasi ständig energiearme Kost zu sich zu nehmen. Werden ihnen nur wenige Mahlzeiten pro Tag mit hochkalorischem Kraftfutter zur Verfügung gestellt, so entbehren die Weidetiere einen wichtigen Aspekt ihres natürlichen Verhaltensrepertoires.

Einen entscheidenden Einfluss auf die Ausprägung der Intelligenz hat zudem die Förderung durch die beteiligten Menschen.

Begegnet man seinem Pferd mit Liebe und Respekt, so wird es seine sozialen Fähigkeiten optimal entwickeln können. (Foto: Shutterstock.de/Alexia Khruscheva)

Pferde *denken anders*

Intelligent handeln kann nur derjenige, der vielseitig angesprochen wird und in seinem eigenen Lerntempo Erfahrungen machen darf. Dabei gibt es eine erstaunliche Beobachtung, nämlich den sogenannten Rosenthal-Effekt: Hält ein Lehrer seinen Schüler oder ein Pferdetrainer seinen vierbeinigen Schützling für besonders intelligent, so wird er diesen besonders geduldig und wohlwollend betrachten und ihn so unbewusst stärker fördern, aber auch über seine Fehler leichter hinwegsehen, als wenn er eigentlich seinen Schüler für „dumm" hält. Wer seinem Pferd also mit einer positiven Einstellung begegnet, schafft die besten Voraussetzungen für eine besondere Lernbereitschaft bei seinem Vierbeiner.

Ich denke,
ALSO BIN ICH EIN PFERD

Wir wissen heute noch nicht genau, ob Pferde eine Vorstellung von sich selbst haben und ob sie in der Lage sind, sich selbst zu erkennen. Beim klassischen Spiegeltest wird bei dem Testtier unbemerkt an einer nicht direkt sichtbaren Stelle im Gesicht oder am Körper ein Fleck aufgetragen, den das Tier dann vor dem Spiegel erkennen muss. Verhaltensforscher wollen damit beweisen, ob sich der Proband selbst im Spiegel erkennt. Das Pferd versagt bei diesem Test wie die meisten anderen Tiere, außer den Menschenaffen, asiatischen Elefanten, vielen Walen und Delfinen, auf ganzer Linie. Es ist nicht in der Lage, sich selbst im Spiegel zu erkennen, sondern hält das im Spiegel sichtbare Gegenüber für ein anderes Pferd.

Man könnte nun vorschnell zu dem Schluss kommen, dass Pferde generell nicht in der Lage sind, sich selbst zu erkennen und somit kein dem Menschen ähnlndes Bewusstsein haben. So wurde es auch über viele Jahrzehnte postuliert. Inzwischen wird allerdings stark bezweifelt, dass der Spiegeltest als einziges Kriterium für die Entscheidung ausreicht, ob ein Tier nun ein Selbstbewusstsein besitzt oder nicht. Pferde sind von der Natur nicht als reine „Augentiere" konzipiert worden, für sie spielt die Optik nicht dieselbe große Rolle wie für uns Menschen, zumal sie darüber hinaus weitsichtig sind.

Studien mit Schweinen haben überdies nachgewiesen, dass diese zunächst die Funktionsweise eines Spiegels genau kennenlernen mussten. Zu diesem Zweck wurden sie daran gewöhnt, einen Futtertrog aufzusuchen, dessen Position nur durch einen Blick in den Spiegel lokalisiert werden konnte. Erst nach dieser Vorübung konnten sie mit dem Spiegel als optischer Wiedergabequelle überhaupt etwas anfangen. Für Pferde ist eventuell der Geruch ausschlaggebender für die Persönlichkeitserkennung als die äußere Erscheinung. Hier stoßen wir bisher an die Grenzen der technischen Machbarkeit einer derartigen Versuchsanordnung. Vermutlich hätte kein Pferd ein Problem damit, sein „Geruchsspiegelbild" und eine Veränderung daran zu erkennen, wir Menschen können es momentan nur noch nicht in einem Versuch beweisen.

Pferde sind sehr anspruchsvolle Probanden bei verhaltensbiologischen Tests. Der Grad ihrer Bereitschaft zur Mitarbeit kann stark schwanken und sie besitzen für uns unsichtbare Vorlieben und Abneigungen. Pferde zeigen immer nur dann, was in ihnen steckt, wenn sie dazu motiviert sind. Sie treffen ihre Entscheidungen, was sie in welcher Intensität und Dauer tun, aufgrund ihrer unterschiedlichen

Lebt ein Pferd so naturnah wie möglich, entsteht ein Bedürfnisdefizit gar nicht erst. (Foto: Shutterstock.de/Kasza)

Bedürfnisse. Dazu müssen sie immer wieder abwägen, ob die Erfüllung eines Bedürfnisses aktuell wichtiger ist als die eines anderen. Manchmal ist ein Pferd eventuell müde, wird sich aber doch von seinem Ruheplatz wegbewegen, wenn der Durst es zur Wasserstelle treibt. Die Motivation ist kein Verhalten, das wir von außen beobachten können, sondern eine Annahme – eine Hypothese, dass ein Pferd eine bestimmte Handlungsbereitschaft haben muss, um sich für das Befriedigen kurzfristiger Bedürfnisse oder das Verfolgen langfristiger Ziele zu entscheiden.

In die Motivation des Pferdes fließen all diejenigen Faktoren mit ein, für die das Pferd seine momentanen Prioritäten setzen wird. Die Motivation bewegt das Pferd im Wortsinn dazu, ein Ziel anzusteuern. Sie verändert sich ständig, da das Pferd in manchen Lebensbereichen Bedürfnisse sofort decken kann, während in anderen ein Bedürfnisdefizit sich über lange Zeit aufbauen kann. Wichtig ist dabei zu beachten, dass die Motivation immer unterschiedlich ausfallen kann. Es reicht also nicht zu wissen, dass ein Pferd etwa den Wunsch zu fressen verspürt, weil es Hunger hat. Man könnte nun auf den Gedanken kommen, ihm einfach genügend Pellets zu geben, um seinen Energiebedarf zu decken. Damit wäre die Motivation für die Nahrungsaufnahme jedoch bei Weitem nicht gedeckt, da das Pferd im Zusammenhang mit dem Bedürfnis nach Nahrung noch viele weitere Ansprüche stellt. Es hat etwa das Bedürfnis, sein Futter zu suchen und eine Vielzahl an Kaubewegungen pro Tag auszuführen. Erst mit der Aufnahme einer großen Menge energiearmer Kost wie auf kargen Weiden oder dem Fressen von Heu

Pferde *denken anders*

Manche Pferde sind begeistert vom Spiel „Apfel-schnappen" und entwickeln die unterschiedlichsten Techniken, einen schwimmenden Apfel aus einem mit Wasser gefüllten Eimer zu angeln.

darauf folgenden abschließenden Phase wird das ersehnte Ziel erreicht, das Pferd findet einen Ast und kann genüsslich an der Rinde knabbern. Je intensiver es auf dem Holz kaut, desto mehr wird der „Bedürfnistopf" in dieser Hinsicht gefüllt und desto geringer wird die Motivation, in der nächsten Zeit ein ähnliches Verhalten zu zeigen. Diesen Prozess nennt man negative Rückkopplung; das Zurückgehen der Motivation in einem Bereich führt zu einer gesteigerten Aktivitätsbereitschaft in einem anderen Sektor.

Je länger allerdings die appetitive Phase dauert, je länger ein Pferd also sein Bedürfnis nicht befriedigen kann, desto größer wird der empfundene Mangel und desto schwerer fällt es dem Pferd, sich überhaupt auf ein anderes Verhalten zu konzentrieren. Dies ist auch einer der vielen Gründe, warum eine Verhaltenstherapie mit Pferden, ganz gleich welches problematische Verhalten gelöst werden soll, zunächst mit einer Optimierung der Haltung beginnen muss.

In menschlicher Obhut haben die meisten Pferde leider keinen großen Spielraum für Eigeninitiative und Kreativität, weil ihre grundlegenden Bedürfnisse oft nicht erfüllt werden. Großen Einfluss auf die Motivation und die Bereitschaft des Pferdes, sein Verhalten zu verändern, haben eine Vielzahl an Motivationsfaktoren, wie etwa rein körperliche Bedürfnisse, soziale Aspekte oder auch der innere Erregungslevel. In jeder Sekunde seines Lebens ist das Pferd für ganz unterschiedliche Verhaltensmuster gleichzeitig motiviert. Es will also, übertrieben gesagt, sowohl fressen als auch schlafen als auch spielen – von jedem ein bisschen. Wollen wir nun das Verhalten eines Pferdes langfristig verändern, so müssen wir ihm zunächst das Angebot machen,

wird das Pferd diesen enorm wichtigen Bereich der Nahrungsaufnahme befriedigen können.

Im Zusammenhang mit der Motivation ist bekannt, dass alle Lebewesen und eben auch Pferde versuchen, ein verspürtes inneres Bedürfnis zeitnah zu decken. Dazu suchen sie nach einer Möglichkeit zur Befriedigung dieses Wunsches; sie treten dann in die sogenannte appetitive Phase ein und führen zielsuchende Handlungen aus. Ein Pferd mit dem Bedürfnis, auf einem Stück hartem Holz zu kauen, wird sich in dieser Phase auf die Suche nach einem geeigneten Material begeben. In der sämtliche seiner Bedürfnisse in dem Maße zu decken, wie es selbst sich dies wünscht. Erst dann können wir gezielt die Motivation des Pferdes lenken und die Zusammenarbeit mit uns fördern, indem wir seine Bedürfnisse gut kennen und deren Erfüllung zu unserem Vorteil nutzen.

Die individuelle Handlungsbereitschaft des jeweiligen Pferdes müssen wir auch bedenken, wenn wir es in einem Intelligenz- oder Kognitionstest prüfen wollen. Mag es beispielsweise viel lieber Birnen als Äpfel, wird es vermutlich nur sehr wenig oder gar nicht motiviert sein, einen Apfel beim Apfelschnappen aus einem Wassereimer zu angeln. Es wäre für eben dieses Pferd der falsche Testablauf. Auch werden wir, wenn wir bei einem Labyrinth-Versuch Barrieren einbauen, die zur Seite geschoben werden müssen, eventuell Pferde benachteiligen, die ungern von Gegenständen berührt werden. So zeigen Pferde in vielen Tests nicht ihre wahre Kognitionsleistung, sondern in erster Linie, ob sie motiviert sind und welche Vorlieben oder Abneigungen ihre Handlungen maßgeblich beeinflussen.

LERNEN
als Konstrukt

Ähnlich wie die Vokabel „Motivation" ist auch der Begriff „Lernen" ein theoretisches Konstrukt, da es etwas beschreibt, was wir nicht direkt beobachten können, sondern etwas, was sich nur im Geist des Pferdes abspielt. Wir können mit ziemlicher Sicherheit annehmen, dass ein Pferd etwas gelernt hat, wenn es ein Verhalten konstant zeigt, das es vorher noch nicht in dieser Form beherrschte. Wie es genau zu diesem neuen Wissen, zur

Veränderung der Fähigkeiten gekommen ist, können wir allerdings nicht immer exakt sagen.

Kommt ein Pferd etwa neuerdings auf Zuruf zu seinem Menschen, so wird es dieses Verhalten gelernt haben. Kommt es nun nicht immer, so heißt das nicht zwangsläufig, dass es unser neues Signal noch nicht gut genug gelernt hat, sondern dass wir sein Verständnis nicht immer eindeutig in seinem Verhalten beobachten können. Es wäre eben möglich, dass es genau weiß, dass es kommen soll, es aber nicht tut, weil es gerade etwas Besseres vorhat. Wir können aus seinem Verhalten also nur bedingt auf den Lernerfolg im Pferdekopf schließen. Auch diesen Faktor müssen wir bedenken, wenn wir die Intelligenz oder die kognitiven Fähigkeiten von Pferden beurteilen wollen.

Es vergeht keine Sekunde im Pferdeleben, während der das Tier nicht lernt. Selbst wenn es schläft, prasseln ständig Informationen auf sein Gehirn ein, die automatisch verarbeitet und als Schlussfolgerungen gespeichert werden – es lernt also. Der Lernprozess ist tatsächlich sehr vielschichtig und schwer greifbar, da er auf vielen unterschiedlichen Ebenen, bewusst ebenso wie unbewusst und mit unterschiedlichen Mechanismen und Prinzipien stattfindet. Viele dieser Abläufe im Pferdegehirn sind dabei bisher wenig erforscht, andere aber bereits sehr gut belegt. Beginnen möchte ich mit den auch für die Pferdeausbildung und den im Umgang mit dem Pferd im Alltag wichtigsten Lernformen: dem Lernen aus Erfahrung und über Verknüpfungen oder, wissenschaftlich ausgedrückt, den Konditionierungsprozessen. Der Begriff Konditionierung hat einen schlechten Ruf, er klingt nach instinktgesteuertem, roboterhaftem Abspulen

Pferde *denken anders*

Jedes spätere Signal wird in einem Konditionierungsprozess erarbeitet.

von Verhalten, nach willenlosen, einfältigen Kreaturen und nach „Pudeldressur". Leider hindern diese weit verbreiteten Vorurteile viele Menschen daran, sich intensiv mit dem Lernverhalten zu beschäftigen. Konditionierungsprozesse sind aber ganz natürliche Vorgänge, und sowohl Pferde als auch wir Menschen lernen einen Großteil unserer Fertigkeiten über diese Lernform.

Lernst du noch
ODER VERSTEHST DU SCHON?

Wie wir schon gesehen haben, lässt sich der Lernerfolg eines Pferdes für den beobachtenden Menschen nicht direkt erkennen, sondern man kann nur aufgrund von beobachtbaren Parametern darauf schließen. Ziemlich sicher kann man sein, dass ein Pferd eine Aufgabe verstanden hat, wenn es seine Handlungen verändert, also entweder ein vorher nicht vorhandenes Verhalten zeigt oder aber ein schon vorhandenes in einer modifizierten Form präsentiert. Gerade auch die Geschwindigkeit und Stärke der gezeigten Reaktion können Hinweise auf das Verständnis des Pferdes sein. Ein Pferd, das unschlüssig neben einem Podest steht, wird noch nicht verstanden haben, was es mit diesem Objekt eigentlich anfangen soll, während ein forsch darauf zu gehendes Pferd, das ohne Zögern das Podest betritt, die Aufgabenstellung bereits eindeutig verinnerlicht hat.

Die Anzahl der Fehler oder ein Zögern innerhalb einer bestimmten Trainingseinheit lässt deutliche Rückschlüsse auf den bereits erreichten Lernerfolg zu. Hat ein Pferd eine neue Verhaltensweise bereits sehr gut verstanden, so wird es wenig Fehler bei einer erneuten Abfrage machen und es wird die Aufgabe auch nach einer längeren Pause fehlerfrei präsentieren können.

Eine der beeindruckendsten Fähigkeiten in Bezug auf das Lernverhalten ist die Erkenntnis, dass Pferde in gewissem Rahmen durchaus erkennen können, ob sie einen Fehler gemacht haben. Verschiedene Forscher berichten von erstaunlichen Beobachtungen am Rand ihrer eigentlichen Versuchsreihen. So ist es des Öfteren vorgekommen, dass ein Pferd eine Testaufgabe durchführte, um dann, wie es der Versuchsaufbau vorgab, den Versuchsraum zu verlassen. Manchmal jedoch stutzte das jeweilige Tier auf dem Weg zum Ausgang, als würde es gerade noch einmal über sein Testergebnis nachdenken und erkennen, dass es einen Fehler gemacht hat. Das Pferd drehte daraufhin um, wiederholte den Versuchsablauf noch einmal und korrigierte somit seinen Fehler, bevor es nun endgültig den Trainingsort verließ. Diese Fähigkeit, einen Fehler zu korrigieren und das eigene Verhalten im Nachhinein zu relativieren, gibt uns einen ersten Hinweis darauf, dass Pferde erkennen können, wie sie ein erlerntes Verhalten in einen Sinnzusammenhang für sich einbetten können, und dass sie sogar imstande sind, ihre eigenen Handlungen zu reflektieren.

Klassische Konditionierung oder
REIZ-REAKTIONS-LERNEN

Vermutlich klingelt es bei vielen Lesern bei den Begriffen „Klassische Konditionierung" oder „Pawlowscher Hund". Wie wir alle in der Schule gelernt, aber als wenig relevant für unser Leben befunden haben, hat der berühmte russische Arzt und Psychologe Iwan P. Pawlow mit seinen Versuchen an Hunden nachgewiesen, dass es eine Lernform gibt, bei der Reize mit bestimmten Reaktionen verknüpft werden. Diese Lernform wurde daraufhin auch Reiz-Reaktions-Lernen oder eben klassische Konditionierung genannt.

Die Entdeckung dieses Phänomens war zunächst ein Zufallsprodukt, da der Forscher eigentlich etwas über den Speichel von Hunden und seine Zusammensetzung nach unterschiedlichen Futtergaben herausfinden wollte. Es stellte sich allerdings heraus, dass die Hunde nicht nur dann speichelten, wenn sie tatsächlich Futter bekamen, sondern ihnen offensichtlich schon beim Erscheinen des Forschers das Wasser im Munde zusammenlief. Daraus entwickelte Pawlow die berühmte Versuchsreihe, mit der er aufzeigte, dass die Hunde, wenn sie in einer ersten Phase kurz vor der Futtergabe eine Glocke klingeln hörten, in einer zweiten Phase schon auf das Klingeln allein mit Speichelfluss reagierten, ohne dass das Futter überhaupt gezeigt oder gegeben wurde. Sie hatten eine Reiz-Reaktions-Kette gelernt und assoziiert, dass die in kurzem Abstand nacheinander stattfindenden Ereignisse miteinander in Zusammenhang stehen mussten.

Übertragen auf Pferde bedeutet diese Erkenntnis, dass auch sie Reize miteinander in Beziehung setzen können, die in einem direkten zeitlichen Zusammenhang stehen. Wir müssen uns vor Augen führen, dass dieser Vorgang vom Pferd nicht bewusst willentlich zu steuern ist; er geschieht einfach, es ist ein Gesetz des Lernverhaltens, dem sich weder Mensch noch Pferd entziehen können. Alles, was das Pferd wahrnimmt, kann durch eben

Pferde denken anders

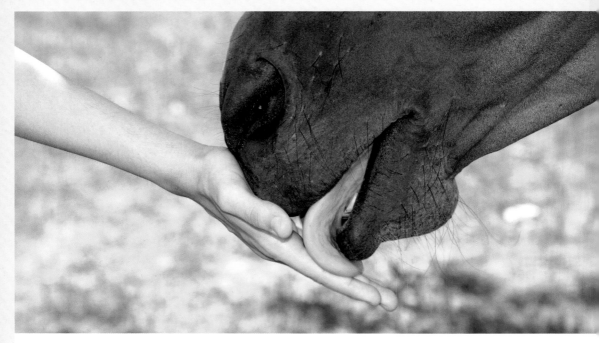

Im Prozess der klassischen Konditionierung kann ein Pferd lernen, dass nach einem bestimmten Lobwort eine leckere Belohnung aus der Hand des Menschen zu erwarten ist. (Foto: Shutterstock.de/Sari ONeal)

diesen Mechanismus einen Signalcharakter bekommen, es kann somit als eine Ankündigung einer erwarteten Konsequenz verstanden werden. Es ist ein äußerst mächtiger Lernvorgang, der das Leben sämtlicher Säugetiere entscheidend bestimmt.

Es gibt in den meisten Situationen einen unkonditionierten Stimulus (Reiz), der das Verhalten induziert (im Falle des Glöckchenversuchs das Futter). Dies wiederum löst die unkonditionierte Reaktion (hier: den Speichelfluss) aus. Den Zusammenhang muss das Tier nicht extra lernen, sondern er existiert von Geburt an als normale biologische Reaktion. Jeder wahrnehmbare Reiz (hier: das Klingeln der Glocke), also irgendein Geräusch, Geruch, Gegenstand oder eine Bewegung, kann zu einem konditionierten Reiz, einer Ankündigung, werden. Ist der Prozess der klassischen Konditionierung erfolgt, löst nicht mehr nur der unkonditionierte, natürliche

Reiz das Verhalten (Speichelfluss) aus, sondern die Reaktion folgt in gleichem Maße nach dem konditionierten Reiz (Klingeln der Glocke). Pferde sind wahre Meister im Reiz-Reaktions-Lernen und sind sogar in der Lage, Konditionierungen auf mehreren Ebenen zu bewältigen. Sie können also nicht nur lernen, dass der Anblick der Futterschüssel Futter bedeutet (Konditionierung erster Ordnung), sondern auch, dass das Geräusch beim Öffnen der Futtertonne die Gabe der Futterschüssel ankündigt (Konditionierung zweiter Ordnung) und diese wiederum vom Gang des Menschen zu einer bestimmten Zeit in die Futterkammer angekündigt wird (Konditionierung dritter bis x-ter Ordnung).

Wer einmal die Bedeutung der klassischen Konditionierung erkannt hat, wird sie in sämtlichen Bereichen des Lebens mit Pferden wiedererkennen. Er wird verstehen, dass Pferde sich daran orientieren, was gleichzeitig oder kurz nacheinander geschieht, um in ihrem Leben eine Logik zu entdecken. Durch diese Lernprozesse erklären sie sich ihre Lebenswelt. Sie verstehen, dass der Pferdeanhänger den Turnierbesuch ankündigt oder der Gang zum Reitplatz bedeutet, dass eine Reitstunde bevorsteht. Meine Pferde wissen beispielsweise, dass eine Spieleinheit bevorsteht, wenn ich die Spielzeuge aus der Sattelkammer zum Reitplatz trage. Sie stehen dann am Tor und warten darauf, dass sie an der Reihe sind.

Anhand dieser Beispiele können wir erkennen, dass der Lernmechanismus sowohl funktioniert, wenn es sich um positive Folgen handelt, als auch bei negativen Folgen. Pferde werden aufgrund ihrer im Lernprozess erlebten Empfindungen eine positive oder negative Erwartungshaltung bestimmten Ankündigungsreizen zuordnen. Dies ist entscheidend wichtig für das Pferd, um sein eigenes Verhalten genau anpassen zu können. Es ist aus Sicht des Pferdes also sinnvoll, den Anhänger möglichst zu meiden, wenn er sich als Ankündigung für unliebsame Erlebnisse herausgestellt hat, und das Öffnen der Futtertonne zu lieben, weil es sich als Ankündigung für etwas Erstrebenswertes erwiesen hat. Das Verhalten des Pferdes wird infolgedessen ganz entsprechend seiner bereits erlebten Lernerfahrung ausfallen. Es wird also vor dem Anhänger je nach Temperament wie festgewurzelt stehen bleiben, steigen oder sich schon vorher nicht mehr einfangen lassen, wohingegen es bei Erwartung einer Futtergabe freudig herangetrabt kommt. Wir Menschen werden ebenso leicht klassisch konditioniert. Nach einer Hiobsbotschaft per Telefon am frühen Morgen wird leicht das Telefonklingeln zu früher Stunde zu einem konditionierten Stimulus: Es erzeugt ein unangenehmes, angstbesetztes Gefühl.

Operante Konditionierung oder
LERNEN AM ERFOLG

Ebenso intensiv wie über die klassische Konditionierung lernen Pferde über einen als Lernen am Erfolg bekannten Lernprozess, der auch operante oder instrumentelle Konditionierung genannt wird. Anders als die klassische Konditionierung zeichnet sich der Vorgang der operanten Konditionierung dadurch aus, dass er sich im bewussten Denken des Pferdes abspielt. Das Pferd findet durch Versuch und Irrtum heraus, welches Verhalten ihm Erfolge einbringt, es lernt durch die Folgen und Konsequenzen des eigenen Handelns.

Erforscht haben diesen Lernprozess vor allem die beiden Psychologen und Verhaltensforscher Edward Lee Thorndike und Burrhus Frederic Skinner in der ersten Hälfte des 20. Jahrhunderts. Ihren Arbeiten mit Katzen und Ratten ist es zu verdanken, dass wir heute auch in Bezug auf das Pferd wissen, dass es für diese Lernform eine ganze Reihe von Gesetzmäßigkeiten gibt. Die Anwendung dieser Gesetzmäßigkeiten kann uns in der Praxis helfen, die kognitiven Fähigkeiten des Pferdes optimal zu fördern und ihm erfolgreich neue Verhaltensweisen beizubringen.

Eine dieser Gesetzmäßigkeiten ist das von Thorndike „law of effect" genannte Gesetz der Wirkung. Diese Grundregel des Lernverhaltens besagt: Wird eine Verhaltensreaktion des Pferdes unmittelbar von einer Belohnung begleitet, dann wird dieses Verhalten mit hoher Wahrscheinlichkeit wiederholt, wohingegen eine Reaktion, die mit einer unangenehmen Erfahrung verbunden ist, seltener gezeigt wird. Das Pferd kann wie wir Menschen anhand einiger positiver oder negativer Erfahrungen auch sein Verhalten in der Zukunft modifizieren.

Belohnungen und Strafen haben also aufgrund dieses Lerngesetzes entscheidende Auswirkungen auf das Verhalten des Pferdes. Wir können durch geschickte Wahl unserer Belohnungen das Verhalten des Pferdes lenken, müssen uns aber auch bewusst sein, dass es immer von seinen Erfahrungen gelenkt wird, egal, ob wir diese willentlich so eingeplant haben oder nicht. Als Beispiel können wir uns vorstellen, dass wir dem Pferd immer als Belohnung ein Leckerli geben, wenn es brav beim Aufsteigen des Reiters stehen bleibt. Im Regelfall wird es diesen Zusammenhang sehr gut verstehen und wie erwünscht reagieren. Streifen wir jedoch bei jedem Aufsteigen unangenehm mit unserem Fuß über die Kruppe des Pferdes, so wird es möglicherweise nicht mehr gern stehen bleiben, obwohl wir ihm ja die Leckerlis gegeben haben. Wenn es das unangenehme Gefühl stärker empfindet als die positive Belohnung, wird es seine Reaktionen zukünftig daran orientieren. Diese Lernform ermöglicht es dem Pferd, selbstständig zu handeln und seine Verhaltensantwort frei zu wählen.

Man könnte die Lernart der operanten Konditionierung auch Feedback-Lernen nennen. Es geht nämlich immer darum, ob die Konsequenzen eines gezeigten Verhaltens gut oder schlecht sind und ob diese Folgen wiederholt auftreten und das Pferd so eine allgemeingültige Regel für sich erkennen kann. Zeigt ein Pferd also ein bestimmtes Verhalten immer häufiger, können wir davon ausgehen, dass dieses Verhalten belohnt oder – mit dem Fachterminus ausgedrückt – verstärkt wurde. Wird eine Verhaltensweise immer seltener beobachtet, dann empfand das Pferd die darauf folgende Konsequenz als strafend. Eine Strafe im lerntheoretischen Sinne beinhaltet keine

moralische Wertung; der Begriff zeigt nur an, dass ein Verhalten eines Tieres in seiner Häufigkeit oder Intensität gehemmt wurde. Erst durch die Beobachtung der Folgen einer Situation, also wie sich das Pferd in Zukunft in ähnlichen Zusammenhängen verhält, können wir Rückschlüsse darauf ziehen, ob wir eine Verstärkung oder eine Strafe im Sinne der Verhaltensbiologie angewendet haben. Es geht hier nicht darum, wie etwas vom Menschen eigentlich beabsichtigt war, sondern ausschließlich darum, wie es das Pferd wahrnimmt. Man kann beispielsweise das kräftige Halsklopfen noch so nett meinen – viele empfindliche Pferde bewerten dies negativ und fühlen sich dadurch gerade nicht belohnt. Ihre Leistung verbessert sich daraufhin also nicht weiter, sondern wird gehemmt. Einige junge Hengste empfinden einen leichten Klaps auf die Nase dagegen eher als Spielaufforderung, also eher als Belohnung denn als Strafe. Wann immer wir also bemerken, dass das Pferd etwas anderes zu lernen scheint als das, was wir erwartet haben, sollten wir uns genau die Ursachen und Zusammenhänge ansehen und ermitteln, welche Arten von Verstärkern in der Situation beteiligt waren.

Zusammenfassend gesagt gibt es vier mögliche Wege, die das Verhalten des Pferdes innerhalb einer operanten Konditionierung beeinflussen:

1. Etwas Angenehmes, das dem Pferd hinzugefügt wird, führt zu einer Verstärkung des Verhaltens.
2. Die Wegnahme von eben diesem Positiven führt zu einer Hemmung des Verhaltens.
3. Das Hinzufügen von etwas Negativem führt ebenfalls zu einer Hemmung des Verhaltens.
4. Das Beenden von etwas Negativem führt zu einer Intensivierung des Verhaltens.

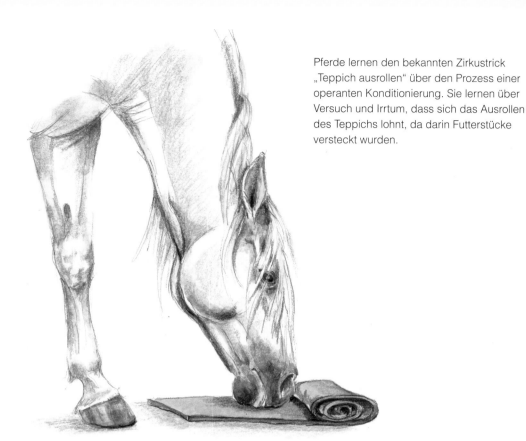

Pferde lernen den bekannten Zirkustrick „Teppich ausrollen" über den Prozess einer operanten Konditionierung. Sie lernen über Versuch und Irrtum, dass sich das Ausrollen des Teppichs lohnt, da darin Futterstücke versteckt wurden.

In der Sprache der Lerntheorie wird das Hinzugeben von etwas immer als „positiv" bezeichnet, die Wegnahme von etwas als „negativ" – und das ganz wertfrei und nicht im Sinne von „gut" und „schlecht", sondern eher mathematisch im Sinne von dazugeben und abziehen. Die Lerntheorie des Pferdes umfasst so die vier im Folgenden beschriebenen Konstellationen im Lernverhalten.

1. Positive Verstärkung

Umgangssprachlich würde man sagen, das Pferd lernt bei der positiven Verstärkung über Belohnungen. Es erfährt, dass ein Verhalten sich lohnt, und wiederholt es daraufhin freudig. Wissenschaftlich spricht man deshalb von positiver Verstärkung, sie verstärkt im wahrsten Sinne des Wortes das Verhalten. Der positive Verstärker ist eine Belohnung; das kann ein Leckerli sein, ein angenehmes Kraulen, der Kontakt zu einem geliebten Menschen oder auch einfach Aufmerksamkeit – eben alles, was das Pferd gerade als angenehm empfindet, und nicht nur das, was wir positiv meinen.

Umgekehrt funktioniert die positive Verstärkung des Pferdes auch bei uns Menschen. Geht mein Pferd beispielsweise gern auf das Podest und gefällt mir sein stolzer Anblick, so motiviert mich das so sehr, dass ich dieses Spiel häufiger mit meinem Pferd spiele oder Fotos

Pferde *denken anders*

davon machen lasse. Ich wurde also ebenso positiv verstärkt, indem ich Erfolg bei unserem gemeinsamen Training verspürte. Das vorherrschende Gefühl der positiven Verstärkung ist die Freude.

2. Negative Verstärkung

Das Verhalten des Pferdes verstärkt sich nicht nur, wenn es etwas Angenehmes erfährt, es verstärkt sich auch, wenn etwas Unangenehmes entfernt wird. Die negative Verstärkung ist dieser Prozess, bei dem das Pferd sozusagen „erleichtert" ist, weil eine unangenehm empfundene Situation sich entspannt. Diese Lernform ist im traditionellen Umgang mit Pferden weit verbreitet. Der Zügelzug etwa ist dem Pferd unangenehm, es gibt diesem nach und spürt die darauf folgende Erleichterung durch das Lockerlassen.

Diese umgangssprachlich auch als „Belohnung" bezeichnete Situation ist in Wirklichkeit allerdings keine, denn das damit verbundene Gefühl ist ein anderes: Das Pferd freut sich immer noch nicht über Zügelhilfen, sie sind keine Ankündigung für etwas Gutes, sondern im besten Falle Anzeichen dafür, dass hoffentlich später der Druck nachlassen wird. Die verspürte Emotion bei der negativen Verstärkung ist die Erleichterung. Sie kann zu einem ausgeprägten Meideverhalten in bestimmten Situationen führen, in denen das Pferd versucht, durch sein vorsorgliches Verhalten negativ empfundene Situationen gar nicht erst entstehen zu lassen. So verkriechen sich viele Pferde hinter dem Zügel, wenn sie mit unsanfter Hand geritten werden. Sie versuchen so, dem Zügeldruck vorsorglich zu entgehen, und verfestigen so ihre Fehlhaltung.

3. Negative Strafe

Pferde empfinden etwas als Strafe, wenn ihnen etwas Erstrebenswertes oder Angenehmes entzogen wird. Die Pferdemutter etwa entzieht ihrem zu kräftig zubeißenden Fohlen das Euter, indem sie einfach weitergeht und dem Fohlen keine Chance mehr lässt zu trinken. Das Fohlen wird in diesem Fall negativ gestraft, das angenehme Gefühl beim Saugen wird ihm vorenthalten.

Viele Pferde streben nach Aufmerksamkeit und lassen sich allerhand einfallen, um diese zu erlangen. Nehmen wir einmal an, ein Pferd scharrt am Anbindebalken, um die Aufmerksamkeit des Menschen zu erzwingen. Ignorieren wir dieses unerwünschte Verhalten nun komplett und geben wir unserem Pferd nicht die leiseste Aufmerksamkeit, so wird es das Verhalten auf Dauer einstellen. Schon ein genervt ausgesprochenes „Nein" kann diesen Prozess allerdings verzögern. Das Pferd würde auch dadurch wieder die erwünschte Aufmerksamkeit erhalten und gerade nicht ignoriert werden.

Das vorherrschende Gefühl bei der negativen Strafe ist die Enttäuschung.

4. Positive Strafe

Eigentlich kann Strafe ja nie positiv sein, denkt man unwillkürlich beim Lesen dieses lerntheoretischen Fachbegriffs. Aber wenn man sich erinnert, dass positiv in diesem Fall im mathematischen Sinne „hinzufügen" bedeutet, wird deutlicher, was hier gemeint ist. Bei der positiven Strafe wird dem Pferd etwas Unangenehmes aktiv zugefügt. Läuft ein Kutschpferd etwa zu langsam, so erhält es traditionell einen

Schlag mit der Fahrpeitsche. In Zukunft vermeidet das Pferd, wieder in die Situation zu kommen, die es als negativ empfunden hat: Es läuft also von vornherein schneller, um der Strafe zu entgehen, das langsame Gehen wird somit seltener gezeigt. Das Hinzufügen von Strafreizen hat sich in der Reitertradition fest etabliert, aber sowohl ethisch als auch lerntheoretisch ist es nicht vertretbar und zumeist ineffektiv. Das beherrschende Gefühl bei dieser Vorgehensweise ist die Angst.

Fazit

Betrachten wir die vier Möglichkeiten innerhalb der operanten Konditionierung, so wird deutlich, dass wir immer erst hinterher, also anhand der Folgen, sagen können, wie das Pferd eine Situation, eine Erziehungsmaßnahme oder ganz allgemein einen Reiz empfunden hat. Wir sehen an dem veränderten Verhalten, ob das Pferd etwas als positiven oder negativen Verstärker, als positive oder negative Strafe wahrgenommen hat.

Selbst wenn wir es gut mit unserem Pferd meinen und ihm ein Stück trockenes Brot geben, kann es sein, dass es dieses nicht als positive Verstärkung empfindet, weil es Brotstücke nicht so gern mag oder aber den Parfümduft an der menschlichen Hand als unangenehm empfindet. Es gibt Pferde, die so sensibel sind, dass sie schon das Auflegen der flachen Hand als aufdringlich wahrnehmen, während andere selbst einen Knuff an den Hals noch als lustige Spielaufforderung eines Kumpels verstehen. Später (ab Seite 58) werden wir noch sehen, welche Auswirkungen die unterschiedlichen Lernformen im Alltag auf die Intelligenz und das Wohlbefinden des Pferdes haben.

Die vorgehaltene Möhre steht sinnbildlich für den Prozess der positiven Verstärkung. Das Pferd versucht aktiv, Situationen wiederherzustellen, die sich in der Vergangenheit gelohnt haben, in denen es also Erfolg gehabt hat.

PFERDEFORSCHUNG:
Behaviorismus contra Kognitivismus

Zu Beginn des 20. Jahrhunderts, als die Erforschung der Intelligenz von Pferd und Mensch noch in den Kinderschuhen steckte, stellte man sich das Verhalten und das Lernen eines Tieres als eine Art vorhersehbare Reaktion auf einen das Tier betreffenden Reiz vor. Die damals in der Verhaltensforschung beziehungsweise Lernpsychologie vorherrschende Richtung war der sogenannte Behaviorismus. Dessen Vertreter bemühten sich um eine „objektive Methode" der Beschreibung von Vorgängen. Aussagen über mentale oder psychi-

Pferde *denken anders*

sche Vorgänge wurden bewusst nicht getroffen, da sich diese den Beobachtern nicht erschließen. Die Behavioristen sahen nur den In- und den Output und betrachteten das Gehirn des Tieres als eine Art Black Box, die nach immer gleich bleibenden Regeln agiert.

Erst mit der sogenannten kognitiven Wende in der Wissenschaft und dem damit aufkommenden Konstrukt des Kognitivismus wurde erkannt: Das Denken ist ein so vielschichtiger, von inneren und äußeren Vorgängen begleiteter und durch Emotionen gesteuerter Prozess, dass es unmöglich ist, ein Verhalten eines Tieres zu beobachten, ohne dessen Persönlichkeit und Vorgeschichte mit einzubeziehen. In der Kognitionsforschung des Pferdes hielt sich die veraltete Lehrmeinung des Behaviorismus jedoch noch sehr lange. Pferde wurden und werden auch heute noch häufig unterschätzt und ihre Fähigkeiten werden sehr stark vereinfacht dargestellt.

Vegetarische
WUNDERKINDER

Die Gedächtnisforschung bei Pferden untersucht, was vom Erlernten wirklich langfristig von Bedeutung ist. Pferde gelten als Tiere, die ein sehr gutes Gedächtnis haben, ähnlich wie Elefanten. Um zu ermessen, wie eindrucksvoll ihre Gedächtnisleistung wirklich ist, sollte man sich etwas mit dem Erinnerungsvermögen im Einzelnen beschäftigen.

Im Gehirn speichert das Pferd Informationen, ordnet sie und bringt diese Informationen bei erneut auftretenden ähnlichen Ereignissen mit dem gerade Erlebten in Zusammenhang. Während einige Informationen nur über wenige Augenblicke im sogenannten sensorischen Gedächtnis gespeichert werden, landen andere Informationen, wie bei uns Menschen, entweder im Kurz- oder sogar im Langzeitgedächtnis.

Das sensorische Gedächtnis des Pferdes wird auch Ultrakurzzeitgedächtnis genannt, weil es Tausende von Informationsdetails gleichzeitig aufnimmt, aber eben auch nach wenigen Sekunden wieder löscht. Dem Pferd ist dabei gar nicht bewusst, welche Informationen einfach sofort nach dem Bemerken wieder getilgt werden und welche genügend Aufmerksamkeit erregen, dass sie in das Kurzzeitgedächtnis übertragen werden.

Das Kurzzeitgedächtnis wird auch Arbeitsgedächtnis genannt. Seine Aufgabe ist es, eine gewisse Menge an Informationen in einem direkt verfügbaren Stadium zu halten. Sind diese Informationen wichtig genug, so werden sie in das Langzeitgedächtnis übertragen; sind sie es nicht, werden sie wieder vergessen. Der Raum in diesem Kurzzeitgedächtnis ist jedoch sehr begrenzt. Pferde sind sehr gut darin, Dinge, die einmal den Weg ins Langzeitgedächtnis geschafft haben, immer wieder hervorzuholen. Ihr Kurzzeitgedächtnis jedoch ist sehr schnell mit Informationen gefüllt. Schafft es das Pferd nun nicht, die Daten sozusagen zu übertragen, so werden sie meist anderen Informationen Platz machen müssen.

Damit ein Pferd seine kognitiven Fähigkeiten und seine Gedächtnisleistung voll entfalten kann, müssen wir ihm dabei helfen, möglichst viele Informationen im weitaus größeren Speicher des Langzeitgedächtnisses aufzunehmen, in dem es die Informationen über Jahre oder sogar Jahrzehnte halten kann. Hier hilft es dem Pferd, wenn es sinnvolle Assoziationen bilden kann. Eine gute Gedächtnisstütze bieten wir den Pferden, wenn wir ihnen die

Wenn man Pferde kleinschrittig an das Abduschen gewöhnt, genießen viele eine solche erfrischende Dusche an heißen Tagen sehr. (Foto: Shutterstock.de/Edoma)

Möglichkeit geben, vernetzt zu denken. Informationen, die es aus verschiedenen Blickwinkeln kennenlernt, werden so ins Zentrum seiner Aufmerksamkeit gerückt und erlangen eine Wichtigkeit. So können wir etwa unsere Reitübungen sowohl mit als auch ohne Sattel mal auf dem Reitplatz, mal im Wald oder sogar auf der heimischen Weide wiederholen, um das Thema „Reiten" möglichst vielfältig und positiv zu erfahren.

Das Pferd mag zwar einige Details scheinbar vergessen haben, aber im stabilen Langzeitgedächtnis sind diese Erinnerungen noch ein Leben lang abrufbar. Manche Informationen sind sozusagen nur verschüttet und müssen wieder hervorgeholt werden.

In einem Seminar habe ich ein Pferd erlebt, welches nachweislich das letzte Mal fast 15 Jahre zuvor die Bedeutung eines Clickers mithilfe einer Frisbeescheibe erlernt hatte. Nach nur zwei Wiederholungen erinnerte sich die Stute und konnte fortan fehlerfrei die Scheibe berühren, egal, in welche Position sie gehalten wurde. Sie brummelte vor Freude – ein Beleg dafür, dass vor allem Erinnerungen, die mit positiven Emotionen verknüpft wurden, leicht wieder aus dem Gedächtnis hervorzuholen sind.

Pferde *denken anders*

WENN PFERDE IHREN

eigenen **Kopf** BENUTZEN

Kognitive Fähigkeiten

Pferde werden oft unterschätzt, da ihre klassischen Aufgabenfelder weniger in der eigenständigen Lösung komplexer Problemfelder liegen, sondern eher ihre körperlichen Bewegungsmuster und ihre Lernfähigkeit in Bezug auf ihre reiterlichen Möglichkeiten gefragt sind. Gibt man Pferden allerdings einmal ganz bewusst die Möglichkeit, ihren eigenen Kopf zu benutzen und ihr individuelles Lerntempo zu entdecken, so wird man überrascht sein, was einem bisher alles verborgen blieb. Schritt für Schritt nähern wir uns dem weiten Feld unterschiedlicher Intelligenzbereiche, die zusammengefasst die erstaunlichen kognitiven Fähigkeiten des Pferdes für uns sichtbar werden lassen.

Was die kleinen BLINDENPFERDE alles leisten

Wie schon erwähnt, zeigen die Miniponys, die seit einigen Jahren als Blindenführpferde ausgebildet werden, besonders eindrücklich, was ein Pferd alles verstehen, lernen und auch noch auf den Punkt genau, sogar in stressigen Situationen, abrufen kann. Ursprünglich dachte man über den Einsatz von Ponys als Begleiter für blinde Menschen nach, da diese ganz pragmatisch gesehen sehr viel langlebiger sind als Hunde. Die Ausbildung zum Führtier für blinde Personen ist nämlich extrem langwierig und damit kostenintensiv, Mensch und Tier brauchen Zeit, um ein Team zu werden. So entstand die Idee, dass Ponys effizienter einsetzbar sein könnten, und es wurden erste Versuche gestartet. Zunächst zeigte sich eine große Zurückhaltung bei den klassischen Hundeausbildern, die der Meinung waren, dass ein Fluchttier für diesen verantwortungsvollen Job nicht infrage käme und dass Pferde weniger intelligent und lernfähig seien als Hunde.

Verwendet wurde bei der Ausbildung dieser ersten Servicepferde die Methode der positiven Verstärkung: Die Ponys erhielten Belohnungen, damit sie mit Freude ihre Ausbildung aktiv mitverfolgten. Zudem wurden sie im Clickertraining ausgebildet, einer Methode, bei der jedes korrekte Verhalten mit einem sogenannten Markersignal, dem Geräusch des Knackfroschs, markiert und daraufhin mit Leckerlis oder Zuwendung belohnt wird. Mit dieser Methode konnten die Trainer sehr punktgenau belohnen und ihre Tiere zum selbstständigen Handeln bewegen.

Nötig für diese Art des Trainings ist ein tiefgehendes Wissen um die Lernpsychologie und das Verhalten von Pferden. In der Basisausbildung lernten die ausgewählten Blindenführpferde-Schüler das Führen eines Menschen im gewünschten Tempo sowie das Ignorieren oder Tolerieren von ganz typischen Stressfaktoren der menschlichen Umwelt wie Straßenverkehr oder ungewöhnliche Objekte. Bis hierhin also nicht besonders außergewöhnlich, sondern eben eine Ausbildung, wie auch viele Reitpferde sie genießen. Dazu lernten sie, Treppen zu steigen oder einen Aufzug zu benutzen, legten sich auf ein Signal hin oder gingen durch automatische Türen in ein Gebäude.

Erst in späteren Ausbildungsschritten wurden die Anforderungen an die zukünftigen Servicepferde wesentlich spezieller. Sie lernten, allein auf gesprochene Kommandos zu reagieren, um dem Blinden eine Kontrolle über sein Pferd zu ermöglichen, ohne dass er viele verschiedene Handzeichen lernen musste.

Blindenponys erledigen ihren Job ebenso
zuverlässig wie ihre Hundekollegen.

Für die Pferde ist dieser Arbeitsschritt relativ schwierig, da sie nicht nur, wie allgemein üblich, wenige Wortkommandos, sondern eine Vielzahl von Lautäußerungen zu unterscheiden lernten. Die Spracherkennung sollte so unabhängig von der Körpersprache des Trainers sein, dass sie das Kommando sogar ausführen konnten, wenn der Mensch sich die Hand vor den Mund hielt oder aber gar nicht in Sichtweite des Pferdes war.

Darüber hinaus wurden die Ponys trainiert, Gefahrenquellen gezielt identifizieren zu können. Dazu gehörte etwa die Entscheidung, ob ein Durchgang zu schmal oder zu niedrig ist – und das nicht nur für den eigenen Ponykörper, sondern auch für den neben ihm gehenden blinden Menschen. Die Pferde lernten also, sich selbst korrekt einzuschätzen und auf eine andere Person Rücksicht zu nehmen. Weiterhin vermögen sie, Ampeln aktiv aufzusuchen, Zebrastreifen zu erkennen oder auch Parkbänke zu suchen.

Ein großes Augenmerk bei der Ausbildung liegt auf der Kommunikation zwischen Mensch und Tier. Das Pony lernt nicht einfach nur, eine bestimmte Handlung auszuführen, sondern sich dem Menschen auch mitzuteilen, ihn also etwa zu informieren, dass sie sich einem Hindernis nähern. Darüber hinaus soll es auch in der Lage sein, eine Anweisung gerade nicht zu befolgen, wenn etwa eine Gefahrenquelle, die der Mensch ja nicht sehen kann, dagegen spricht. Es soll sich also bewusst für ein sinnvolles Vorgehen entscheiden und nicht nur nach den Befehlen des Menschen handeln. Ganz nebenbei sollten die Ponys natürlich absolut stubenrein sein und unauffällig mit ins Restaurant gehen können.

Eindrucksvoll im Lernprozess dieser Ponys ist auch das einhergehende Training von Konzepten. Die cleveren Ponys beweisen, dass es möglich ist, Pferden generelle Bedeutungen von Begriffen wie „und" und „oder", „neben" und „zwischen" oder auch „rechts" und „links" zu vermitteln. All diese erlernten Begrifflichkeiten bieten dem Menschen die Möglichkeit, genau auszudrücken, in welcher Reihenfolge, in welcher Intensität oder auch in welche Richtung Verhaltensweisen gezeigt werden sollen. Die Ausbildung dieser kleinen Blindenführponys zeigt eindrucksvoll, welche kognitiven Fähigkeiten in jedem Pferd schlummern, wenn man nur die angemessene Trainingsmethode verwendet und ihnen erlaubt, auch ihren eigenen Verstand zu benutzen.

Bis heute bleibt die Ausbildung von Blindenführponys ein Experiment. Ihre Anzahl wird auf höchstens einige Hundert Tiere geschätzt. Sie sind inzwischen in den USA den Blindenhunden rechtlich gleichgestellt, bewähren sich bei Personen mit Hundehaarallergien und werden auch im eher nicht sehr hundeaffinen arabischen Kulturkreis geschätzt. Grenzen in der Nutzung der Servicepferde liegen nicht in der Intelligenz der Pferde, sondern in den Bedingungen unserer modernen Gesellschaft. Ein Pferd ist in der artgerechten Haltung wesentlich anspruchsvoller, es benötigt viel Zeit für die Nahrungsaufnahme, sollte draußen unter seinesgleichen leben können und kann beispielsweise nicht mit im Flugzeug reisen. Auch kann ein Pferd trotz spezieller Ausbildung schreckhafter reagieren als ein Hund. So werden Hunde sicher auch in Zukunft ihre Vormachtstellung im Blindenführbereich nicht an die Pferde abgeben.

Pferde in einer ABSTRAKTEN WELT

Mit der Unterscheidung übergeordneter, abstrakter Kategorien beschäftigt sich ein wichtiger Bereich der modernen Kognitionsforschung beim Pferd. Diese sehr anspruchsvollen Aufgabenbereiche finden heute im Training für Filmpferde häufig ihre Anwendung. Hier werden oft sehr ungewöhnliche Abläufe für eine Szene benötigt, wenn zum Beispiel ein Pferd in einem ganz bestimmten Winkel zur Kamera laufen soll, sich neben dem Schauspieler hinlegt, mit diesem fremden Menschen interagiert und dann nach dem Aufsteigen aus dem Bild läuft. Der Trainer kann hierbei nur aus der Ferne Einfluss nehmen und das Pferd braucht für diese Arbeit ein Verständnis für die räumlichen, zeitlichen und sozialen Komponenten dieses Settings.

Bei der gerade noch in den Kinderschuhen steckenden neuen Pferdesportart Horse-Agility, die sich an der gleichnamigen Hundesportart orientiert, soll ein Pferd zum Beispiel selbstständig einen Parcours durchlaufen. Es gilt, unterschiedliche Hindernisse wie Tunnel, kleine Sprünge oder Slalomstangen zu meistern. Der Mensch agiert bei dieser Sportart eher als Motivator, während der Vierbeiner für diese Aufgabe die wichtigen Konzepte von „neben", „unter durch" oder auch „drüber" bereits verinnerlicht haben muss.

Ein Paradebeispiel dafür, dass Pferde grundsätzlich die Fähigkeit zu solchen räumlichen Vorstellungen haben, sind die Holzrückepferde, die Baumstämme im Wald ziehen. Sie alle besitzen ein klares Konzept von „rechts" und „links"; sie müssen eine eigene Vorstellung davon entwickeln, in welche Richtung der Stamm gezogen werden muss, damit er nicht

Eine tolle Abwechslung im Pferdealltag ist die neue Sportart Horse-Agility, bei der das Pferd freilaufend kleine Sprünge, Slalompassagen oder Tunnel passiert. (Foto: Shutterstock.de/Lenkadan)

Pferde sind sogar imstande, eine Form der Mengenlehre zu verstehen, wie wir sie aus der Grundschule kennen. Sie können also anzeigen oder auswählen, welcher Gegenstand in einer Reihe vom Material her hart oder weich ist – unabhängig davon, ob sie den Gegenstand schon einmal gesehen haben oder ob sie das verwendete Material schon kannten. Dazu wurde Pferden zunächst eine Reihe von einzelnen Gegenständen vorgeführt und ihnen beigebracht, was das entscheidende Merkmal dieses bestimmten Gegenstands war. Konnten die Pferde die bekannten Gegenstände mit der korrekten Materialbeschaffenheit bezeichnen, indem sie mit der Nase den richtigen Button in der Versuchsbox drückten, wurde ihnen immer mal wieder ein einzelnes neues Objekt „untergeschoben", bei dem sie sich selbstständig für die richtige Lösung entscheiden mussten. So entwickelten die Amerikanerin Evelyn B. Hanggi und ihr Team zwischen 1999 und 2013 eine solche Testbox für Pferde. Das Pferd befand sich hier vor einer Versuchsapparatur, es konnte jeweils zwei verschiedene Knöpfe mit der Nase drücken. Jeder Knopf stand für eine bestimmte Materialbeschaffenheit. Zunächst wurde dem Testpferd eine Reihe von Gegenständen gezeigt und es erhielt Belohnungen, wenn es auf den „richtigen" Buzzer drückte. Drückte es den falschen Knopf, so erhielt es keine Belohnung. Nur durch den Rückschluss lernte es über den Zeitraum von einigen Monaten, worin die Gemeinsamkeit zwischen den einzelnen Gegenständen bestand und wie sie sich von den anderen Gegenständen, für die das Pferd den zweiten Knopf drücken sollte, unterschieden. Erst ab diesem Zeitpunkt konnten unbekannte Gegenstände hinzugenommen werden.

Nach einiger Übungszeit waren die Versuchspferde in der Lage, die Beschaffenheit

im Unterholz hängen bleibt. Auch die dazugehörigen Stimmsignale werden nur verbal ausgesprochen, damit der Pferdeführer weiterhin die Hände für seine schwere Arbeit frei hat.

All diese beschriebenen Fähigkeiten zur Abstraktion zeigen, dass Pferde durchaus eine Vorstellung von sich selbst in ihrem Handeln haben. Nur in Bezug auf die eigene Identität und auf das sinnvolle Tun machen jene Kategorien überhaupt Sinn und können, wenn sie einmal verstanden worden sind, nicht nur in dem Kontext verwendet werden, in dem sie ursprünglich erarbeitet wurden, sondern beliebig auch auf neue Situationen übertragen werden.

Das Pferd sucht in diesem Versuch ein passendes Gegenstück zum gezeigten Objekt aus.

dem blauen Kreis ordnen, wenn es um die Farbzugehörigkeit ging, auf der anderen Seite aber ebenso den blauen Kreis zum gelben Kreis zuordnen, wenn nach der Form gefragt wurde.

Später zeigten einzelne Tiere, zur Verblüffung des Versuchsleiters, dass sie auch diese Konzepte miteinander verbinden konnten, also etwa Dinge heraussuchen konnten, die sowohl weich als auch gelb waren. Pferde können also das Konzept von Verschiedenheit und Gleichartigkeit verstehen. Sie können Kategorien bilden und diese generalisieren, also auch neue Objekte oder Themen korrekt in einen Sinnzusammenhang einfügen. Diese Abstraktionsleistung und ihr Vermögen, selbstständig sogar über den eigentlichen Versuchsaufbau hinaus neu Erlerntes kreativ zu kombinieren, hätten sich vor wenigen Jahren selbst die Verhaltensforscher nicht vorstellen können.

Geruchsunterscheidung

Faszinierend und etwas fremdartig erscheinen uns Menschen die Fähigkeiten der Pferde bezüglich der Geruchsunterscheidung. Einige Forscher haben bereits damit experimentiert, Pferden ähnliche Aufgaben zu stellen, wie sie etwa bei Spür- und Rettungshunden üblich sind. Sie sollten lernen, eine am Boden liegende Matte zu identifizieren, wenn ihnen ein Tuch mit derselben Geruchsnuance wie zum Beispiel Lavendel oder Pfefferminze präsentiert wurde. Erschwerend sollten sie sich auch dann für die richtige Matte entscheiden, wenn es zehn weitere, für uns Menschen recht ähnliche Geruchsnuancen zur Auswahl gab oder der Duft nur sehr schwach ausgeprägt war. Analog

der unterschiedlichsten unbekannten Objekte korrekt zu benennen. Sie haben also für sich ein eigenes Bewertungssystem für die Kategorie „hart" und „weich" entwickelt und haben dies verallgemeinern können.

Noch anspruchsvoller für Pferde gestaltet sich die Identifikation von Farbe oder Form der Materialien. Pferde konnten in ähnlich aufgebauten Versuchsreihen in sogenannten Diskriminierungsversuchen gezielt zwischen Formen und Farben unterscheiden. Darüber hinaus konnten sie, je nachdem, welche Fragestellung gefordert war, auch Kategorien kombinieren und etwa das blaue Dreieck zu

Wenn Pferde ihren *eigenen Kopf* benutzen

Pferde können Gräser problemlos an ihrem charakteristischen Geruch und Geschmack erkennen. (Foto: Shutterstock.de/anakondasp)

zu den oben erwähnten Versuchen zur Materialbeschaffenheit handelt es sich auch hier um eine Form des Trainings der Differenzierungsfähigkeit. Wichtig dabei war, dass die Belohnungen im Trainingsprozess attraktiv genug waren und dass nicht zu früh von einer Aufgabenstellung zur nächstschwierigen gewechselt wurde. Vielmehr wurde den Versuchspferden die Gelegenheit gegeben, sich in Ruhe mit der Aufgabe zu beschäftigen.

Viele Pferde haben an dieser Art der Arbeit sehr viel Freude, da sie ihrem neugierigen Naturell entspricht. Der Geruchssinn ist beim Pferd zudem ein wichtiger Informationskanal für soziale Interaktionen und sehr viel differenzierter als bei uns Menschen ausgeprägt.

Pferde können in der Natur ein Wasserloch allein anhand des Geruchs finden, auch dort, wo wir Menschen vermutlich längst verdurstet wären. Und während der Botaniker beim Unterscheiden von Gräsern auf sein gutes Auge und einen komplizierten Bestimmungsschlüssel angewiesen ist, kann ein Pferd allein am Geruch schon das Knäuelgras vom Wiesen-Lieschgras problemlos unterscheiden.

Objekterkennung

Die äußere Erscheinung von Objekten hat für Pferde eine sehr große Bedeutung. Sie sind in der Lage, winzige Veränderungen an einem sonst gleichen Gegenstand oder an einer Verhaltensweise wahrzunehmen. Vermutlich wären die meisten Pferde wie auch kleine Kinder uns Erwachsenen beim bekannten Memoryspiel haushoch überlegen.

Für Pferde sind schon scheinbar unbedeutende Details entscheidend. Sie können zum Beispiel sehr gut unterscheiden, ob ein Buchstabensymbol gleich ist oder aber gedreht dargestellt wird, ob die Öffnung eines Kreises nach oben oder zur Seite zeigt und ob ein Symbol mit einem zweiten deckungsgleich ist, ganz egal, in welche Richtung es gedreht oder gespiegelt wurde. Pferde haben sogar eine genaue Vorstellung von der Ausrichtung abstrakter Abbildungen. Sie merken sich kleinste Details, wie sie eindrucksvoll bei speziellen Erinnerungstests unter Beweis stellten.

Wie beim Memoryspiel wurde ihnen in einem ersten Arbeitsschritt beigebracht, welche Symbole zusammengehörten. Allerdings war dieses Memory insofern komplizierter, als dass die Paare eben nicht gleich aussahen, sondern ganz willkürlich zusammengestellt waren. Pferdeverhaltensforscher entwickelten schon in den 1960er- und 1970er-Jahren Vergleichskarten für die Gedächtnistests mit Pferden. So wählten sie als Partner für die Karte mit einem Pluszeichen eine Karte mit einem Kreis oder für die Karte mit einem Halbmond eine Abbildung von einem Eichenblatt. Die Pferde erhielten nun Belohnungen, wenn sie bei der Präsentation der einen Karte die jeweils zugehörige berührten. Zunächst hatten sie nur diese beiden Karten zur Auswahl und keine weiteren. Nach und nach wurde die Auswahl immer größer, bis sie sich aus etwa 20 Kartenpaaren entscheiden mussten. Eine beeindruckende Gedächtnisleistung! Denn die Tiere mussten sich erinnern, welche Karte zu welchem Partner gehörte. Einige dieser Karten bestanden nicht aus leicht unterscheidbaren Fotos, sondern eher aus einer Art Strichcode mit dazwischen verteilten Punkten und Klammern. Obwohl diese Abbildungen sehr abstrakt waren und nichts mit der Lebensrealität der Pferde zu tun hatten, konnten sie fehlerfrei zeigen, welche Paare jeweils zusammengehörten; sie konnten sie wiedererkennen, aus einer ganzen Reihe sehr ähnlicher Symbole herausfinden und die gesamte Aufgabenstellung auch Monate später noch fehlerfrei bewältigen.

Objektpermanenz

Pferde haben auch eine Vorstellung davon, dass ein Objekt oder eine Person weiterhin existieren muss, auch wenn es oder sie sich nicht mehr im Bereich der eigenen Wahrnehmung befindet. Pferde suchen nach einem verloren geglaubten Herdenmitglied, sie rufen den Freund und erwarten ihn dort, wo sie ihn das letzte Mal gesehen haben. Der Fachbegriff für diese Fähigkeit lautet Objektpermanenz.

Diese Fähigkeit des Pferdes wird auch getestet, indem etwa ein Apfel vor den Augen des Pferdes unter einem umgestülpten, undurchsichtigen Eimer verschwindet. Die cleveren Pferde wissen natürlich, dass der Apfel dorthin verschwunden ist, und suchen ihn, indem sie den Eimer umwerfen. Auf den ersten Blick scheint diese Fähigkeit banal. Menschenkinder können es jedoch nicht von Geburt an, sondern erst mit knapp einem Jahr. Bis dahin haben sie keine Vorstellung davon, wohin ein Gegenstand verschwindet, und sind überrascht, wenn er wieder auftaucht.

Pferde sind neugierig und erkunden gern auch schwieriger zugängliche Fressstellen. (Foto: Shutterstock.de/Peter Zvonar)

Gerade mit versteckten Objekten kann man den Pferdeverstand sehr schön anregen. In unserer modernen Welt haben Pferde viel zu selten die Gelegenheit, wirklich nach etwas Interessantem zu stöbern, dazu sind unsere Weiden viel zu ordentlich und aufgeräumt. In der freien Wildnis sind Pferde nämlich ständig auf der Suche nach Wasserstellen, Futterangeboten oder sicheren Ruheplätzen. Als Abwechslung kann man einmal das Kraftfutter nicht wie üblich im Eimer anbieten, sondern auf einer sauberen Betonfläche verschütten, sodass das Pferd die Körner einzeln auflesen muss. Oder man animiert das Pferd zu einem kleinen Suchspiel, indem man Möhrenscheiben im Stroh versteckt. Die anregende Beschäftigung mit seinen Lippen und seinem Tastsinn fördert seine Geschicklichkeit, und die Dauer der Suche beugt effektiv Langeweile vor.

Pferde lieben es kniffelig

Wichtig in diesem Zusammenhang ist auch das sogenannte Contrafreeloading-Phänomen. Es beschreibt, dass viele Tiere, wenn sie die Wahl haben, eine kompliziertere Tätigkeit einer einfachen vorziehen, um an ihre Belohnung, also an das Futter, zu gelangen. Sie würden also etwa Heu lieber aus einem engmaschigen Heunetz zupfen, als es lose vom Boden zu vertilgen. Natürlich wird ein hungriges Pferd zunächst seinen größten Hunger stillen, danach allerdings zeigt es ganz deutlich die Bereitschaft, seinen Verstand und seine Geschicklichkeit einzusetzen. Es liebt die Herausforderung und ist dafür gemacht, seine Fertigkeiten auch zu gebrauchen. Mit seinen geschickten Lippen kann es etwa Heuhalme aus einem Strohgemisch herausfischen oder auch dicke Möhrenstücke aus einem groben Kiesbett sammeln. Das Pferd möchte also für sein Futter arbeiten, auch wenn es frei zugänglich wäre, und entscheidet sich damit für den Weg der Beschäftigung statt für den Weg der Eintönigkeit.

Pferde leben mit diesem Verhalten auch ihren angeborenen Trieb aus, auf Nahrungssuche zu gehen und Wanderbewegungen auszuführen – etwas, was ihnen in unserer Welt oft verwehrt wird. Ganz nebenbei regt die Abwechslung ihren Verstand an und fördert ihre natürliche Neugier. Die Neugier ist ein Mechanismus der Natur des Pferdes, der dafür sorgt, dass das Pferd in seinem ganzen Leben auf der Suche nach Verbesserungen bleibt. Jedes Pferd will biologisch gesehen seinen Zustand und damit sein Wohlbefinden verbessern. Gerade wenn sich die äußeren Umstände jahreszeitlich, klimatisch oder innerhalb eines Sozialverbands verändern, bringt die Neugier das Pferd dazu, nicht in einer misslichen Lage zu verharren, sondern sein Verhalten zu modifizieren. Es ist so in der Lage, seinen Lebensstandard zu erhöhen. Auf diesen Grundlagen werden auch die sogenannten Enrichment- oder Bereicherungsprogramme in der modernen Pferdehaltung aufgebaut. Sie gehen von der These aus, dass ein Pferd sich erst dann wirklich wohlfühlt und artgerecht gehalten wird, wenn nicht nur seine Grundbedürfnisse gedeckt sind, sondern es ein Höchstmaß an Möglichkeiten zum Ausleben sämtlicher Lebensbereiche erhält. Eine Bereicherung für jede Pferdehaltung ist daher die Schaffung unterschiedlicher Wanderwege mit verschiedenen Futterstellen, an denen es nicht nur diverse Futtersorten, sondern auch eine ungewöhnliche Beschaffungstechnik zu entdecken gibt. Wasserstellen und abwechs-lungsreiche Bodenbeläge bereichern den Lebensraum des Pferdes ebenso wie Baumgruppen oder Stellen, an denen Salz direkt vom Boden aufgenommen werden kann. Eine einfache Möglichkeit, den Alltag zu bereichern, besteht zum Beispiel darin, einen Salzleckstein etwas höher an einem stabilen Zaunpfosten anzubringen. Bei Regen lösen sich Salzpartikel und rinnen den Stamm entlang, wo sie dann von den Pferden aufgeleckt werden können.

NUR PFERDE LÖSEN
Pferdeprobleme

Insbesondere die Art der Aufgabenstellung trägt entscheidend zum Erfolg oder Misserfolg eines Pferdes bei. Ist die Testaufgabe nicht pferdegerecht gestaltet, so wird das Pferd nur Frustration empfinden und sein eigentliches Potenzial nicht entfalten können. Wir müssen ihm eine von Pferden lösbare Aufgabe stellen und bei der Interpretation der Testergebnisse nicht in menschlichen Denkmustern verharren, sondern immer aus der Sicht des Pferdes seine Leistung bewerten. Die allzu verständliche Neigung, Tiere zu vermenschlichen und ihr Verhalten dadurch fehlzuinterpretieren, wird im folgenden Beispiel ganz besonders deutlich.

Vor etwa 100 Jahren glaubte Wilhelm von Osten, er habe seinem Pferd, dem klugen Hans, das Zählen und Rechnen beigebracht. Dieses clevere Pferd konnte anscheinend auch komplizierteste mathematische Rechnungen durchschauen und das Ergebnis durch Klopfen mit dem Huf wiedergeben. Leider stellte sich bei näherer Betrachtung heraus, dass dieses beeindruckende Pferd nicht etwa

Der kluge Hans beobachtete die unbewusste Körpersprache der umstehenden Menschen sehr genau.

rechnen konnte, sondern dass es Aufgaben nur dann richtig löste, wenn irgendeiner der umstehenden Menschen das Ergebnis auch kannte. Wie konnte das möglich sein? Etwa durch Gedankenübertragung? Nein, dieses Pferd hatte seine pferdetypische erstaunliche Beobachtungsgabe genutzt, die durch einen Konditionierungsprozess und Futter als Belohnung angeregt worden war.

Wie später erstelltes Filmmaterial mit extremen Nahaufnahmen und Zeitlupenversionen aufzeigte, konnte der kluge Hans die Nickbewegungen der in Gedanken mitzählenden Menschen deuten. Er klopfte einfach so oft mit dem Huf, wie die Menschen nickten. Beeindruckend dabei ist, dass den Menschen dieses Kopfnicken weder bewusst noch

für andere sichtbar war, da es sich um eine winzige Bewegung von weniger als einem Millimeter, also buchstäblich nur um die vage Andeutung eines Nickens handelte.

Der Besitzer des klugen Hans war so enttäuscht von den nicht vorhandenen Rechenkünsten seines Pferdes, dass er es wenig später verkaufte. Dabei hat er gar nicht den wahren Wert seiner Forschungsarbeit erkannt und auch nicht zu schätzen gewusst. Es zeigt doch eindrucksvoll, was man alles mit positiver Verstärkung und Belohnung einem Pferd beibringen kann, und es bewies ganz nebenbei, wie unglaublich empfindlich Pferde auf kaum wahrnehmbare Veränderungen in ihrer Umgebung achten. Sollten wir also einmal unser Pferd in seinem Verhalten nicht verstehen, so ist es sehr wahrscheinlich, dass sich eine wichtige Komponente aus Sicht des Pferdes verändert hat. Dies ist besonders häufig bei unseren Kommandos der Fall, wenn wir meinen, unser „unwilliges" Pferd würde uns dieses Mal wieder nicht verstehen. Viel wahrscheinlicher, als dass ein Pferd ein Kommando nicht wiedererkennt, ist, dass wir nicht merken, dass wir es anders gegeben haben, als unser Pferd es gelernt hat. Es macht für Pferde einen entscheidenden Unterschied, ob wir etwa unser Handzeichen mit der linken oder der rechten Hand geben, ob wir dabei die Augen schließen oder den Arm einen Zentimeter höher halten als sonst. Diejenigen Menschen, die es schaffen, ihre Körpersprache sehr gut zu kontrollieren und immer wieder genau gleich zu gestalten, werden für unsere Pferde am leichtesten „lesbar" sein.

Nun könnte man meinen, dass Pferde eigentlich gar kein Verständnis für Zahlen, Mengen oder Zeiträume besitzen. Sie sind aber durchaus in der Lage, sich spontan für eine Futterschüssel mit einer größeren Anzahl an Äpfeln zu entscheiden, wenn sie denn die Wahl haben. Das Pferd kann somit Mengen voneinander unterscheiden. Daneben kann es ebenso wie wir Menschen innerlich bestimmte Abläufe mitzählen. Wer etwa sein Pferd immer nach dem dritten gelungenen Rückwärts-Tritt lobt, wird sehr bald ein Pferd haben, das spontan nach immer diesem Ereignis anhält, um seine Belohnung zu erhalten. Wir haben es ihm unbewusst so beigebracht und es ist sehr geschickt darin, Rhythmen in unserem Training wiederzuerkennen. Ebenso besitzt es ein untrügliches Gefühl für Zeitspannen und sogar für einmal etablierte Tageszeiten. Dieses Zeitgefühl eines Pferdes wird auch demjenigen bewusst, der einmal damit begonnen hat, Fütterungszeiten penibel einzuhalten. Zum Beispiel bei der Umstellung von der Sommer- auf die Winterzeit werden die Pferde ungeduldig zur üblichen Uhrzeit auf ihr Futter warten und ihren Unmut über das Zuspätkommen des Menschen durch Wiehern oder Scharren deutlich zum Ausdruck bringen.

Neues aus der PFERDEFORSCHUNG

Neben den schon lange bekannten Konditionierungsprozessen konzentriert sich die Pferdeforschung heute auch auf die Entdeckung der spezialisierteren Lernformen des Pferdes. Beim Lernen durch Beobachtung soll ein Pferd ohne eigenes Training eine Situation durchschauen, wenn es ein erfahrenes Pferd beim Lösen einer Testaufgabe beobachten kann. Pferd A soll also zum Beispiel zunächst beobachten, wie Pferd B eine Futtertonne öffnet. Wird ihm dann die Gelegenheit gegeben, das Verhalten selbst auszuführen, so sollte es auf die Erfahrungen des anderen Tieres zurückgreifen können, wenn es dieses genau beobachtet hat und zusätzlich übertragen konnte, dass es sich nun selbst in der Situation des vorher beobachteten Testpferdes befindet. Es benötigt also ein großes Maß an Abstraktionsvermögen, um diese Aufgabe zu bewältigen.

Bei diesen Tests zum Lernen durch Beobachtung wird besonders deutlich, dass die Beziehungsebene zwischen den Pferden eine sehr große Rolle spielt. Pferde konnten immer dann besonders gut aus dem Verhalten eines Vorbildpferdes lernen, wenn dieses ein vertrautes, befreundetes oder verwandtes Tier war. Pferde werten vornehmlich das Wissen und Können eines bekannten Tieres als relevant für sich selbst. Dieser Mechanismus wirkt auch bei uns Menschen, indem wir uns mit unserem Verhalten oder unserer Meinung an unserem eigenen sozialen Umfeld, auch als peergroup bezeichnet, orientieren.

Die Technik des Beobachtungslernens wird in aktuellen Versuchen zu einer neuen Trainingsform ausgearbeitet. Dem Prozess der sogenannten Model-Rival-Technik liegt die Erkenntnis zugrunde, dass ein Tier nicht nur über klassische und operante Konditionierung Verhalten lernen kann, sondern dass die natürliche Kommunikation hauptsächlich aus dem Kontext und über Vorbilder erlernt wird. In der zunächst hauptsächlich bei Delfinen und Papageien eingesetzten Trainingsform wird gezielt das soziale Verständnis des Pferdes ausgenutzt. Es soll nicht nur allein durch sein eigenes Handeln und die dafür gegebenen Belohnungen lernen, sondern es hat ein anderes Pferd oder auch einen Menschen als Vorbild und einen weiteren Menschen als Trainer.

Das Vorbild-Pferd agiert bei diesem Trainingskonzept mit dem Menschen und erhält Belohnungen und Aufmerksamkeit. Immer wieder werden die Rollen nun getauscht und das Beobachtungspferd darf sich am Übungsprozess beteiligen. Das Pferd lernt also zum einen durch die Beobachtung eines Vorbilds, weil es von Natur aus die Fähigkeit besitzt, von erfahrenen Herdenmitgliedern zu lernen. Zum anderen lernt es deswegen, weil dieses Vorbild sozusagen ein „Rivale" ist, wie schon der Name der Technik andeutet. Der „Rivale" konkurriert mit dem Trainee, dem Versuchspferd, um erwünschte Ressourcen wie die Belohnungen und die Aufmerksamkeit des Trainers.

Die Anwendungsbereiche dieser neuen Trainingstechnik stecken noch in den Kinderschuhen, auch weil sie mit einem erheblichen Aufwand für den Trainer und mit einer tiefgehenden Fachkenntnis verbunden sind. Viele dieser hochkomplexen Intelligenzleistungen wurden bisher erst sehr selten beobachtet, weil man sie schlichtweg nicht wahrhaben wollte und den Tieren nicht zutraute. Insbesondere Pferde werden bislang nur in einem äußerst engen Betätigungsspektrum gefördert, da die reiterliche Tradition nur wenig Raum für neue kreative Beschäftigung und Trainingsmethoden lässt. Sicher ist aber, dass hier noch weitere erstaunliche Eigenschaften des Pferdes ans Tageslicht treten werden und sich ungeahnte Möglichkeiten für eine erweiterte Form der Kommunikation am Horizont abzeichnen. Mithilfe dieser neuartigen Trainingsmethode lernt das Pferd hier nicht wie in herkömmlicher Form Verhaltensweisen, die im Trainingsverlauf in kleinste Häppchen zerlegt werden, sondern immer das gesamte Verhalten. Es müsste also beispielsweise nicht mehr zunächst das Heben und Strecken eines Vorderbeins, dann die Polka und dann erst nach Monaten den Spanischen Schritt lernen, sondern könnte durch diese Form der direkten Kommunikation direkt den vollendeten Spanischen Schritt kopieren.

Verhalten
ALS BELOHNUNG

Anfang der 1960er-Jahre entdeckte der amerikanische Psychologe David Premack ein Phänomen, das fortan unter dem Begriff Premack-Prinzip bekannt wurde und seine Gültigkeit auch beim Lernverhalten des Pferdes hat. Es besagt, dass in Konditionierungsprozessen nicht nur eine Belohnung ein Verstärker

Pferde lernen viel aus der Beobachtung befreundeter Tiere. (Foto: Shutterstock.de/Vitaly Ilyasov)

für ein Verhalten sein kann, sondern auch ein anderes Verhalten. Ein bisher eher unbeliebtes Verhalten, das selten gezeigt wird, wird also auf Dauer beliebter und häufiger gezeigt, wenn daraufhin als Belohnung ein besonders beliebtes, hochverstärktes Verhalten ermöglicht wird.

Lernt das Pferd etwa, dass es brav erst die Hufe geben soll, um dann seine Lieblingsübung wie das Kopfsenken ausführen zu dürfen, so wird es lieber die Hufe geben als vorher. Das Grundprinzip im alltäglichen Umgang ist denkbar einfach: Wir beobachten zunächst ganz genau, was das Pferd von sich aus gern tut, und erstellen eine Liste der meistgeliebten Tätigkeiten. Hier werden Verhaltensweisen wie das gemeinsame Stehen mit Artgenossen in der Sonne ebenso auftauchen wie das Wälzen im Sand oder das Lieblingsspiel mit dem Gymnastikball. Wissen wir nun, was das Pferd von sich aus gern macht, so können wir

dieses Lieblingsverhalten anstelle einer direkten Belohnung mit einem Leckerli oder einem Stimmlob verwenden. Wir beginnen also mit einer relativ schwierigen Übung, um diese gleich nach einem minimalen Schritt in die richtige Richtung wieder ruhen zu lassen und uns dem Lieblingsspiel zuzuwenden.

Wir können gerade dann gezielt mit dem Premack-Prinzip arbeiten, wenn wir wissen, dass ein Pferd ein beliebtes Verhalten unter bestimmten Umständen mit großer Wahrscheinlichkeit zeigen wird. Wissen wir, dass unser Pferd sich auf dem Reitplatz im weichen Sand besonders gern wälzt, so können wir kurz mit ihm die Seitengänge an der Hand üben, um ihm dann direkt die Gelegenheit zum Wälzen zu geben. Nach dem Motto „Erst die Arbeit, dann das Vergnügen" verknüpft sich nach einigen Wiederholungen das anstrengende Gymnastizieren an der Hand mit der Freude an dem wohligen Wälzen.

Wenn Pferde ihren *eigenen Kopf* benutzen

EIN GROSSER PFERDEKOPF

voller Ideen

Pferdelogik im Alltag

Gerade der ganz gewöhnliche Alltag mit unseren Pferden eignet sich wunderbar dafür, der Pferdelogik auf die Schliche zu kommen. Wer genau hinsieht, lernt nicht nur viel über das typische Pferdeverhalten, sondern vor allem auch über das Denk- und Lernvermögen der Pferde. Jeder Tag bietet unzählige Gelegenheiten, die Pferde in ihren Gewohnheiten zu beobachten, ihre Vorlieben und Abneigungen in Bezug auf uns Menschen herauszufinden und ihr Lernvermögen gezielt zu testen. Im folgenden Kapitel wollen wir unsere soeben angeeigneten lerntheoretischen Grundkenntnisse auf konkrete Alltagssituationen anwenden.

Auf diesem Wege eröffnen sich für jeden Pferdeliebhaber Einblicke in das Erleben der Pferde im Allgemeinen und in die kognitiven Fähigkeiten eines bestimmten Pferdes im Speziellen. Wer also mal genauer hinsieht und das Verhalten seines Pferdes unvoreingenommen betrachtet, der wird schnell erkennen, dass Pferde aufgrund ihrer ganz persönlichen Assoziationen und Erfahrungen lernen. Nutzen können wir einzelne Situationen, um besser analysieren und verstehen zu können, wie unsere Pferde ticken, warum sich zum Beispiel ein unerwünschtes Verhalten überhaupt entwickelt hat und wie wir unserem Pferd auf freundliche Art und Weise effektiv neue Verhaltensweisen näherbringen können. Dabei werden wir sehen, dass unser Verstand ganz ähnlich funktioniert wie der Pferdeverstand und wir oft dieselben Fehler machen wie sie.

Auf der WEIDE

Wie wir schon im vorherigen Kapitel gesehen haben, begleiten die Konditionierungsprozesse das gesamte Leben. Sie finden ständig statt,

Die mit der Erkundung von Gegenständen verbundenen Emotionen prägen das Verhalten eines Pferdes nachhaltig.
(Foto: Shutterstock.de/Sharon Morris)

ob wir sie nun wahrnehmen oder nicht. Weder Pferd noch Mensch können sich ihnen entziehen – deshalb sollten wir die zugrunde liegenden Gesetzmäßigkeiten stets berücksichtigen, um aktiv dafür Sorge zu tragen, dass unser Pferd positive Erfahrungen macht. Nur so können wir sein Verhalten sanft lenken.

Das Verständnis des Lernverhaltens hilft uns außerdem, die Sicht des Pferdes zu verstehen, negative Erlebnisse positiv neu zu besetzen oder ungünstig verknüpfte Lernerfahrungen neu zu belegen. Jede Aktivität mit unserem Pferd unterliegt bestimmten

Ein großer Pferdekopf *voller Ideen*

Gewohnheitsschleifen. Hirnforscher haben herausgefunden, dass bei immer wiederkehrenden Routinen stammesgeschichtlich sehr ursprüngliche Gehirnbereiche die Kontrolle übernehmen und die rationalen Fähigkeiten stark eingeschränkt sind. So kann der Anblick des Sattels zu einer starken emotionalen Reaktion des Pferdes führen, wenn er als Auslösereiz für ein unangenehmes Erlebnis abgespeichert wurde. Diesen positiven wie auch negativen Auslösern gilt es, sich im Alltag durch eigene Beobachtungen anzunähern.

Möchte man sich der wahren Natur der Pferde nähern, so sollte man viel Zeit draußen auf der Weide mit ihnen zusammen verbringen. In diesem naturnahen Umfeld zeigen sie uns am deutlichsten, welche Facetten ihres Alltags für sie bedeutungsvoll sind und welche Interessen oder Beschäftigungen sie pflegen, wenn wir Menschen mal nicht die Art der Aktivität vorgeben.

STRAFE muss sein?

Wer kennt sie nicht, die Ausbrecherkönige unter den Pferden? Kein Zaun zu hoch, keine Lücke zu klein, Strom ein lächerliches Hindernis … Für den Zaunspezialisten ist das alles kein Problem, denn er hat ein höheres Ziel vor Augen: seine uneingeschränkte Freiheit. Ich möchte die Wirkung eines handelsüblichen Elektrozauns als Beispiel für eine Situation verwenden, in denen das Pferd einen Strafreiz erfährt, um dadurch zu erläutern, warum diese Art der Konditionierung so oft fehlschlägt und viele Menschen dennoch geneigt sind, diese Möglichkeit der Verhaltensänderung im Umgang mit dem Pferd immer wieder in Erwägung zu ziehen.

Der Elektrozaun hat lediglich die Aufgabe, den Freiheitsdrang des Pferdes zu begrenzen. Aus diesem Grund wird hier der Effekt der operanten Konditionierung genutzt, genauer gesagt der positiven Strafe, da hier dem Pferd etwas Unangenehmes zugefügt wird. Sein Verhalten, also das Berühren des Zauns, wird unmittelbar durch den elektrischen Impuls belegt und direkt unterbrochen. Somit funktioniert der Elektrozaun streng im Rahmen der Lerngesetze. Er ist im Idealfall so sicher, weil er die wichtigsten Grundregeln der Lernpsychologie automatisch ausführt. Damit ein Strafreiz nämlich erfolgreich eingesetzt werden kann, muss er ausnahmslos jedes Mal einsetzen, wenn das Pferd das unerwünschte Verhalten zeigt. Üblicherweise ist das beim Stromband der Fall, zuverlässig wird jede Berührung durch einen elektrischen Schlag quittiert.

Lerntheoretisch gesehen muss die Strafe außerdem unmittelbar, am besten im Bruchteil einer Sekunde, einsetzen und so stark sein, dass das Verhalten sofort abgebrochen wird. Auch das ist bei einer hohen Leistung des Zauns der Fall. Doch schon bei diesen ersten Merkmalen zeigen sich erste allgemeingültige Schwächen bei der Verwendung eines Strafsystems: Selten ist ein Zaun wirklich rund um die Uhr einsatzbereit. Das Stromgerät kann kaputt sein oder der Strom wird durch auf den Zaun gefallene Zweige abgeleitet oder die Stromstärke ist zu gering. In all diesen Fällen büßt der Zaun seine Funktionalität ein, und ein erfahrener vierbeiniger Zaunspezialist wird eben nicht lernen, dass er sich vom Zaun fernhalten soll, sondern eben nur, wann dieser einsatzbereit ist und wann nicht.

Meine Shettystute Polly ist eine solche Spezialistin. Sie erkennt die Anzeichen dafür, dass

Empfundener Stress löst typische Abwehrreaktionen wie Steigen oder Durchgehen aus.
(Foto: Shutterstock.de/Mikhail Pogosov)

ein Stromband keine Funktion hat, genau. Wenn das Ticken des Weidezaungeräts nicht mehr zu hören ist, geht sie sofort durch den Zaun; ebenso, wenn sie sieht, dass ein Mensch ihn mit der Hand berührt. Weiterhin hat sie eine wunderbare dichte Mähne, die sie zuverlässig vor einem Stromschlag schützt. Im Zweifelsfall hat sie auch eine Technik entwickelt, die es ihr ermöglicht, mit einem eleganten Sprung zwischen den Strombändern hindurch nur einen einzigen Schlag an einer eher unempfindlichen Körperstelle zu bekommen.

Nun wissen wir doch alle, dass es Pferdepersönlichkeiten gibt, die sich nicht zuverlässig von einem Stromzaun abschrecken lassen.

Was hilft uns dieses Wissen nun für den Alltag? Ich beschreibe dieses Beispiel deshalb so ausführlich, weil viele Pferdetrainer meinen, dass Druckmethoden und das Hinzufügen von unangenehmen Reizen zu einem gut funktionierenden Pferd führen werden. Diese Trainer stellen ihre Methoden oft verharmlosend dar und erwähnen leider in ihrer Beschreibung nicht, warum diese so häufig im Alltag versagen.

Egal, ob man ein Pferd mit der Gerte schlägt, ein Seil nach ihm wirft oder an einem Zughalter ruckt: Das Prinzip der Bestrafung bleibt bei den meisten Pferdetrainern stets gleich. Es wird Druck ausgeübt, bis das Tier macht,

Ein großer Pferdekopf *voller Ideen*

was der Mensch von ihm verlangt. Das Pferd lernt also innerhalb des Prozesses der operanten Konditionierung aus einer Kombination aus positiver Strafe und negativer Verstärkung. Diese Vorgehensweise ist nicht nur ethisch bedenklich, sondern hat auch viele erwiesene Nachteile.

Wie wir schon beim Zaunbeispiel gesehen haben, ist eine Strafe nur dann effektiv, wenn sie punktgenau erfolgt. Das Pferd darf keinen Erfolg seines Verhaltens spüren und sich somit selbst belohnen. Dies hat sich in der Praxis der operanten Konditionierung zu Trainingszwecken als unlösbares Problem dargestellt. Erfolgt der Strafreiz später als eine bis zwei Sekunden nach dem vom Tier gezeigten Verhalten, kann das Pferd ihn nicht mehr mit seiner ausgeführten Handlung verbinden. Eine solche Strafmaßnahme stellt somit eine grobe Misshandlung des Pferdes dar. Wer sich also nicht in der Lage sieht, wie ein Roboter immer gleich und zeitnah reagieren zu können, sollte Strafmethoden gar nicht erst in Erwägung ziehen. Viel zu oft führt das aus Sicht des Pferdes unverständliche Timing zu einer generellen Unsicherheit gegenüber dem Menschen.

Ein Stromschlag oder auch ein Klaps mit der Gerte transportiert nur äußerst wenige Informationen. Das Tier lernt nicht, was es tun soll, sondern nur, dass eine ganz bestimmte Handlung unangenehm ist. Es wird wie unser Zaunspezialist nach Möglichkeiten suchen, das Problem zu umgehen, also alternative Strategien entwickeln, um ungestraft trotzdem sein ursprüngliches Ziel zu erreichen. Gibt man einem Pferd darüber hinaus in seinem Leben sehr häufig das Gefühl, dass es keinen eigenen Handlungsspielraum für sich beanspruchen darf, entwickelt sich daraus eine sogenannte „erlernte Hilflosigkeit".

Wird ein Pferd ständig eingeschränkt und gemaßregelt und erfährt es den Menschen als eine übermächtige Bedrohung, so wird es irgendwann resignieren und zu einem reinen „Befehlsempfänger" werden, der alle eigenen Impulse unterdrückt und sich aus der Realität abschottet. In dieser Opferrolle ziehen Pferde sich immer mehr in sich zurück, und dieser Zustand sollte für uns niemals als normal oder wünschenswert erachtet werden. Meiner Ansicht nach ist hier die Grenze zur Tierquälerei längst überschritten, denn es ist ein Missbrauch an der Pferdeseele. Gerade diese ungesunde Bewältigungsstrategie von Stress wird leider nach wie vor häufig als ein erstrebenswertes Ausbildungsziel eingestuft, viele Trainer bezeichnen die armen Geschöpfe dann fälschlicherweise als „gehorsam". In Wirklichkeit ist das Pferd unterdrückt, es lebt unter Stress und in Angst.

Die Gefahr der erlernten Hilflosigkeit ist immer untrennbar mit dem Einsatz von positiver Strafe und negativer Verstärkung verknüpft. Untersuchungen haben darüber hinaus gezeigt, dass eine Strafe, also jegliche Ausübung von Druck und das Hinzufügen von etwas Unangenehmen, höchstens dazu verwendbar ist, ein Verhalten abzutrainieren, nicht aber, um dem Pferd etwas Neues beizubringen. Es ist also wie beim Stromzaun möglich, das Pferd an einem Verhalten zu hindern, wenn denn alle anderen Lerngesetze eingehalten werden.

Insbesondere die Stärke des Strafreizes stellt ein weiteres großes Problem dar. Theoretisch wäre eine Strafe nur dann erfolgreich, wenn der Strafreiz wie beim Zaun so stark ist, dass das Verhalten sofort abgebrochen wird. Dies würde bei unempfindlicheren Pferden in vielen Fällen schon ein sehr hohes Maß an

Pferde sind keine reinen Fluchttiere, sondern können je nach Situation durchaus Gegenaggressionen zeigen. (Foto: Shutterstock.de/Alexia Khruscheva)

Druck bedeuten. Auch das Abtrainieren einer Verhaltensweise funktioniert in den seltensten Fällen so dauerhaft, wie es häufig angepriesen wird. Schon am Zaunspezialisten sehen wir, dass das Verhalten nicht wirklich verschwindet. Es wird eher umgeleitet und das Pferd wartet nur auf eine günstige Gelegenheit, seinen Wünschen doch noch nachzukommen.

Arbeitet man mit Strafreizen, mit dem Aufbau von Druckstufen und dem Weglassen von Druck, so wird das Pferd immer frustriert, sein gesamtes Verhalten wird infolge dieser Trainingsmethode gedämpft. Erschreckend ist dabei die Tatsache, dass viele Reiter ein Pferd, das sich durch Frustration, Stress oder Angst gedämpft verhält, als umgängliches und ruhiges Tier wahrnehmen. Diese resignierten Exemplare erkennt man jedoch leicht an dem in sich gekehrten Blick und an ihrem fehlenden Ohrenspiel, denn Neugier, Kreativität und eine erwartungsvolle Hinwendung zum Menschen wurden ihnen bereits ausgetrieben.

Die Strafe, also etwa der Stromschlag oder der Druck des Trainers, unterdrückt ein Verhalten meist nur, da die Motivation, die innere Handlungsbereitschaft, nicht geändert wird. Ein vorhandenes Problemverhalten bleibt oft bestehen, da die Pferde nur lernen, dieses in Anwesenheit des Trainers nicht zu zeigen. Sie lernen aber nicht, ein neues Verhaltensmuster zu entwickeln. Diese Erfahrung mussten schon viele Besitzer machen, die ihr Pferd zur Korrektur in sogenannte fachkundige Hände gegeben haben. Arbeit mit Strafreizen würde also nur dann funktionieren, wenn man immer bereit wäre, sie ausnahmslos bei jedem „Fehlverhalten" in robuster Stärke anzuwenden. Da wir Menschen aber keine seelenlosen Maschinen sind, wird diese Art der Arbeit im Alltag nicht funktionieren können.

Ein großer Pferdekopf *voller Ideen*

Jedes Tier wird versuchen, einer Strafe und dem Druck zu entgehen. So kann leicht ein neues Problem entstehen. Es gibt beispielsweise Fälle, in denen ein Steiger, der mit Gewalt „korrigiert" werden sollte, zum unkontrollierbaren Durchgänger wurde. So kommt der Besitzer vom Regen in die Traufe, wenn das eine lebensbedrohliche Verhalten durch eine andere gefährliche Verhaltensweise ersetzt wird.

Das Pferd empfindet je nach Härte der Strafe oder Stärke des Drucks Frustration, Angst oder Schmerz. Der Mensch wird zum Urheber belastender Emotionen, was verständlicherweise Aggressionen beim Pferd hervorrufen kann. Jeder Besitzer sollte sich des Risikos bewusst sein, dass ein aggressives Pferd für ihn selbst eine große Gefahr darstellt. Irgendwann wird bei jedem Tier die Grenze dessen überschritten, was es ertragen kann, und es wird sich gegen den Druck wehren.

Eine Strafe löst immer eine Stressreaktion aus und Lernen ist unter Stress nicht effektiv umsetzbar beziehungsweise nur in einem sehr eingeschränkten Umfang möglich. Das Pferd wird selbst für die einfachsten Lernschritte unter Druck eine sehr lange Zeit benötigen und diese Lernerfahrung zudem nur mit unangenehmen Erlebnissen verbinden. Die Beziehung zwischen Mensch und Tier wird sich durch die Ausübung von Druck immer zum Negativen hin entwickeln. Spaß an der gemeinsamen Arbeit und eine angenehme Lernatmosphäre werden sich so nicht einstellen. Tiere nehmen beim Lernen auch stets ihre Umgebung wahr. Es kann somit passieren, dass ein Pferd eine Strafe oder den vom Besitzer ausgehenden psychischen Druck nicht mit dem eigenen Verhalten verknüpft, sondern mit den beteiligten Personen, dem Ort oder mit den zufällig gleichzeitig hörbaren Geräuschen. Das gesamte Umfeld wird infolgedessen negativ wahrgenommen.

Die Tragik dieser Tatsache spiegelt sich in der häufig gehörten Aussage wider: „Mein Pferd arbeitet nicht gern auf dem Reitplatz." Der Reitplatz ist nämlich für viele Pferde der Ort, an dem sie schon viele negative Erfahrungen gemacht haben. Ein durch positive Methoden ausgebildetes Pferd arbeitet dagegen motiviert mit und geht auch gern auf den Reitplatz, da dieser in der Vergangenheit stets ein Ort der Freude und Anerkennung war. Der vielleicht schauderhafteste Aspekt der Arbeit mit Strafreizen besteht darin, dass man, um die Wirksamkeit zu erhalten, Studien zufolge die Gewalteinwirkung wie in einer Rüstungsspirale immer weiter ansteigen lassen muss. Das Tier gewöhnt sich nämlich an die Strafe und den alltäglichen Druck, sodass immer drastischere Methoden nötig werden. Erst tut es noch die normale Trense, dann werden diverse Hilfszügel eingeschnallt, um schließlich zu immer schärferen Gebissen zu kommen. Diese althergebrachte Praxis findet man tagtäglich in den Reitställen. Die Pferde können sich diesem Schicksal nur entziehen, indem sie abgestumpft in Apathie verfallen, während die Reiter durch diese Methoden auch noch eine gewisse Verrohung erfahren.

ERFOLGREICH belohnen

Selbst wenn der Mensch plant, das Pferd durch einen Strafreiz am Erfolg seines Verhaltens zu hindern, kann in der Praxis viel schiefgehen. Schon am oben beschriebenen Elektrozaunbeispiel wird deutlich, wie wichtig für das Pferd das Erleben kleiner Teilerfolge ist. Auch wenn das Pferd immer mal einen Stromschlag

Belohnt man ein unerwünschtes Verhalten wie das Schnappen nach dem Führstrick auch nur unabsichtlich durch Aufmerksamkeit, so kann es sich schnell zu einem festen Ritual entwickeln. (Foto: Shutterstock.de/Chelle129)

erleidet, wird der Drang, die Freiheit auszukosten, so stark sein, dass viele Pferde immer wieder und wieder versuchen werden, auf die andere Seite des Zauns zu gelangen.

Hier wird der Unterschied zwischen der positiven Verstärkung, also dem Hinzufügen von etwas Angenehmem, und der positiven Strafe, also dem Hinzufügen von etwas Unangenehmem, deutlich. Manchmal reicht es dem Pferd aus, nur ein kleines bisschen Erfolg zu haben, also etwa gar nicht komplett über den Zaun zu gelangen, sondern indem es ihm gelingt, die Nase unten hindurch zu schieben und das leckere Gras auf der anderen Zaunseite zu erwischen. Auf die Arbeit mit unseren Pferden bezogen bedeutet das: Belohnungen sind nicht permanent nötig, sondern helfen auch bei unregelmäßiger Gabe, das Verhalten des Pferdes stabil zu etablieren.

Auch in der Natur, ohne Beteiligung des Menschen, sind die Folgen des Verhaltens für ein Pferd nicht immer genau gleich und exakt vorhersehbar. Ein passionierter Weidetorschubser etwa, der gelernt hat, wie das schwere Tor zu bewegen ist, wird manchmal Erfolg auf ganzer Linie haben, indem er das Tor komplett öffnen und damit auf die eigentlich für ihn verbotene, ungemähte Weide traben kann. Manchmal wird er aber auch nur den Kopf hindurchstecken und unerlaubt etwas naschen können. Um welches Szenario es sich auch handelt: Das Pferd verspürt immer ein Erfolgserlebnis und wird sein Verhalten, das Tor zu öffnen, weiter verfolgen.

Ein großer Pferdekopf *voller Ideen*

Lässt man dem Pferd die freie Wahl, so wird es uns verraten, welche Geschmacksrichtungen es bevorzugt.

Genau diese natürliche Varianz innerhalb der Belohnungen, also innerhalb dessen, was das Pferd eigentlich als angenehm empfindet, kann auch in der gemeinsamen Arbeit mit dem Pferd vom Menschen gesteuert werden. Diese Art der Vorgehensweise nennt man dann variable Verstärkung: Der Trainer verändert bewusst die empfundene Intensität der Belohnung, um einen ganz bestimmten Effekt beim Pferd zu erzeugen. Wie wir beim Thema Löschungstrotz (siehe Seite 68) sehen werden, bleibt ein Verhalten, das einmal über

Belohnungen attraktiv gemacht und so etabliert wurde, über eine lange Zeit erhalten, auch wenn es in Zukunft nicht mehr jedes Mal belohnt wird. Der Pferdeverstand lebt stark von der Hoffnung, einen ersehnten, bereits bekannten Erfolg wieder und wieder erleben zu dürfen, und reagiert mit großer Ausdauer. Gerade die variable Verstärkung ist ein sehr mächtiger Prozess: Das Pferd ist immer weiter motiviert, ein Verhalten zu zeigen, da es nicht genau wissen kann, wann die nächste Belohnung folgen wird.

Geschickte Trainer arbeiten bewusst damit, Belohnungen nach unterschiedlichen Schemata zu vergeben, also etwa zunächst jedes korrekte Verhalten zu belohnen und nach und nach nur noch jedes zweite, dritte oder fünfte Mal und schließlich nur noch unregelmäßig immer mal wieder zu belohnen. Daneben arbeiten Pferdetrainer auch mit unterschiedlicher Quantität und Qualität innerhalb der Belohnungen, da Forschungen erwiesen haben, dass Pferde immer dann besonders leicht und nachhaltig lernen, wenn sie eben nicht ganz genau vorhersehen können, welche Art von Belohnung sie erwartet. So kann der Mensch etwa die Quantität der Belohnung variieren, indem er mal nur ein einzelnes Stückchen getrocknetes Brot, dann aber auch wieder eine ganze Handvoll oder gar ein ganzes getrocknetes Brötchen überreicht. Die Qualität der Belohnung wiederum wird dadurch verändert, dass es Leckerbissen in verschiedenen Geschmacksrichtungen gibt, deren Beliebtheit für jedes Pferd einen anderen Stellenwert besitzt. So gibt es zum Beispiel für ein Pferd mit den entsprechenden Vorlieben die ganz netten Gesten, etwa Apfelstücke, die für normale, gute Leistungen vergeben werden, getrocknete Bananenchips für besondere Anlässe und Pfefferminzleckerlis, die nur ganz selten für erstaunliche Lernfortschritte gereicht werden.

Der Überraschungseffekt bewirkt einen hohen Aufmerksamkeitslevel und stellt schon einen Belohnungsmoment an sich dar. Wichtig ist dabei zu wissen, dass nur dann ein Pferd mit dieser variablen Belohnungsform optimal gefördert werden kann, wenn der Mensch weiß, was es sich wohl von ganzem Herzen wünscht. Manche Pferde lieben zum Beispiel getrocknete Hagebutten und werden sich für diese Leckerei sehr anstrengen und außerordentlich gute Lernleistungen vollbringen, während andere nicht einmal das geringste Interesse daran zeigen und der Motivationsgrad eher absinken wird. Will man also die Lernbereitschaft seines Pferdes angemessen aktivieren, so kann man sich eine detaillierte Liste erstellen, was dem Pferd angenehm ist und was nicht. Welche Futtersorten schätzt also Ihr Pferd? Vergeben Sie für die einzelnen Futtermittel Werte auf einer Skala von eins bis zehn, je nachdem, wie schnell diese Leckerbissen vertilgt werden und wie intensiv nach ihnen gesucht wird. Notieren Sie sich auch, welche Futtermittel das Pferd im direkten Vergleich bevorzugen würde, wenn Sie sie in mehreren Futterschüsseln nebeneinander platzieren und dem Pferd die freie Wahl lassen.

Die Futterbelohnung hat sich im Alltag mit den Pferden als äußerst praktikabel erwiesen, sie ist in jeder Trainingssituation anwendbar und die Vorlieben des Pferdes sind eindeutig erkennbar. Aber das Belohnungsspektrum lässt sich mit etwas Kreativität noch erweitern: Welche Bewegungsabläufe machen dem Pferd Spaß, welche Aktivitäten mit uns bevorzugt es und wie empfindet es unsere Nähe, Ansprache oder Berührung? So kann man beispielsweise die Lieblingskraulstellen des Pferdes erforschen, indem man es sanft am ganzen Körper berührt und es dabei frei im Auslauf neben uns steht. Als Indikatoren für Wohlbefinden können eine entspannte Körperhaltung und ein wohliger Gesichtsausdruck gelten; gefällt dem Pferd die Berührung nicht, sollte es sich jederzeit dieser Zuwendung entziehen dürfen. Bei der Arbeit mit positiver Verstärkung geht es also nicht darum, dem Pferd pausenlos Leckerlis zu geben, sondern um ein durchdachtes System und die differenzierte Gabe von möglichst

Ein großer Pferdekopf *voller Ideen*

unterschiedlichen Belohnungsformen, die man erst nach und nach entdecken wird, wenn man seinem Pferd aufmerksam begegnet.

Die Pferdelogik sagt:
„EINS UND EINS BLEIBT ZWEI."

Wer die Pferdelogik wirklich begreifen will, muss zunächst verstehen, dass Pferde möglichst immer ihren eigenen Erfolgsprinzipien treu bleiben, bevor sie überhaupt auf den Gedanken kommen, etwas Neues zu probieren. Was also schon oft gut funktioniert hat, wird sehr lange als Patentrezept angesehen, auch wenn es in einer aktuellen Situation nicht sehr Erfolg versprechend zu sein scheint. Wenn also eins plus eins immer zwei gewesen ist, fällt es dem Pferd verständlicherweise schwer zu akzeptieren, wenn der Mensch behauptet, es wäre ab jetzt drei.

Auch wir würden wie ein Pferd auf unsere Erfahrung vertrauen und zunächst davon ausgehen, dass derjenige, der einem eine DREI für eine ZWEI verkaufen möchte, im Unrecht sein müsste. Nehmen wir also einmal an, ein Pferd hat immer Erfolg damit gehabt, den Riegel einer Stalltür zu öffnen. Es wusste also, wie es den Riegel manipulieren und die Tür bewegen musste, um daraufhin den belohnenden Effekt der Freiheit zu verspüren. Ändert nun der Mensch den Schließmechanismus, so wird das Pferd nicht etwa seine Bemühungen aufgeben, wenn es den neuen Riegel sieht, sondern es wird zunächst sein übliches Erfolgsrezept auch in dieser neuen Situation anzuwenden versuchen. Bekommt es den Riegel damit nicht geöffnet, werden sämtliche Komponenten der vormals erfolgreichen

Bewegungsabläufe in erhöter Intensität ausprobiert: Der Riegel wird also nicht mehr mit den Lippen, sondern rabiat mit den Zähnen bearbeitet, mit der Brust wird vehement gegen die Tür gedrückt oder mit dem Huf gegen das Holz geschlagen.

Wer sich beim Anblick eines solchen Pferdes an einen Mitreisenden vor einem nicht ordentlich funktionierenden Fahrkartenautomaten erinnert fühlt, der immer wieder auf die gleichen Tasten hämmert, ohne seinen Misserfolg akzeptieren zu können, hat die Gemeinsamkeiten in den Handlungsweisen bereits erkannt. Beide zeigen in ihren erfolglosen Bemühungen denselben verhaltensbiologischen Mechanismus: Sie unterliegen dem sogenannten Löschungstrotz. Bevor also ein unbrauchbares Verhalten gänzlich verschwindet, also man einsieht, dass es hier nicht mehr zum Erfolg führen wird und stattdessen ein alternatives Verhalten vonnöten ist, unterliegt man dem Drang, es unbedingt noch einmal auf die schon bekannte Art und Weise zu versuchen. Begleitet wird die Phase des Löschungstrotzes bei Mensch und Pferd mit sehr ähnlichen Emotionen: Beide Seiten empfinden Enttäuschung und Frustration, zeigen gesteigerte Anstrengungen und ärgern sich zunächst über die Situation und die veränderten Umstände und vielleicht auch ein wenig über sich selbst.

Gerade Kleinkinder reagieren dann gern mal mit einem Wutausbruch und versuchen, auf dem Boden rollend ihren Willen durchzusetzen – ein eindrucksvolles Beispiel dafür, wie mächtig der Löschungstrotz ist. Wir müssen also immer ein Nachsehen mit unserem Pferd haben, das wie ein Kleinkind in seinen Emotionen verhaftet ist. Es kann nicht anders, als zunächst sein bekanntes Verhalten weiter anzuwenden, auch wenn wir uns manchmal

Manche Pferde können den Riegelmechanismus
einer Stalltür mit den Lippen betätigen.

wünschen, es würde schneller umschalten und
sich auf die neue Aufgabenstellung einstellen
können.

Besonders wahrscheinlich ist mit einer langen Phase eines Löschungstrotzes zu rechnen, wenn das Verhalten auch in der Vergangenheit nicht immer, sondern nur manchmal

zum Erfolg geführt hat. Wenn das Pferd also
schon vorher Schwierigkeiten mit dem Tür-
riegel hatte und nicht jedes Mal unmittelbar
ins Freie gelangte, so wird es bereits eine
gewisse Frustrationstoleranz und Ausdauer
in der Beschäftigung mit dem Riegel gewon-
nen haben und nun auch eine sehr lange

Ein großer Pferdekopf *voller Ideen*

Phase in immer gesteigerter Intensität versuchen, zum Erfolg zu gelangen. Dennoch wird es nur dann sein Verhalten langfristig ändern können, wenn es keinen weiteren Erfolg, aber auch keine sonstige Aufmerksamkeit von uns Menschen für sein Verhalten erhält. Nach vielen Fehlversuchen wird das ursprüngliche Erfolgsrezept im Gedächtnis immer mehr verblassen, es tritt eine Löschung ein, und eins plus eins ist dann plötzlich nicht mehr zwei. Aber ein einmal gelöschtes Verhalten ist auch nie völlig verschwunden, man kann es eher als verschüttet bezeichnen. Es wird immer wieder an die Oberfläche kommen können, wenn es durch bestimmte Assoziationen wieder in das bewusste Gedächtnis gespült wird.

PROFIBOTANIKER

Eine besonders erstaunliche Fähigkeit unserer Pferde besteht in ihrem umfassenden Verständnis für ihre wichtigste Ressource, das vegetarische Nahrungsangebot der Natur. Jedes Pferd muss, um in der Wildnis oder auf unseren Weiden überleben zu können, wissen, was es fressen kann und wo es diese Pflanzen findet. Dieses Wissen einfach wie viele andere Dinge über Versuch und Irrtum zu lernen wäre fatal. Jakobskreuzkraut oder Fingerhut sollte kein Fohlen erst einmal ausprobieren, um dann nach einer schweren Vergiftung festzustellen, dass es wohl keine gute Idee war, diese Pflanze zu fressen.

Daher sind alle Aspekte der Nahrungsaufnahme einem ganz besonderen Erfahrungsbereich zugeordnet, nämlich der sozialen Interaktion mit den Artgenossen. Pferde lernen hierbei direkt von ihrer Mutter und anderen Herdenmitgliedern. Sie schmecken schon aus der Muttermilch bestimmte Geschmacksnuancen heraus, beobachten, an welchen Stellen die älteren Tiere fressen, und prägen sich sowohl die begehrten als auch die verschmähten Pflanzen ein. Wer einmal versucht hat, Gräser im Winter im blütenlosen Zustand und bis auf den Erdboden gekürzt zu bestimmen, wird feststellen, dass wir Menschen wohl nicht zur Unterscheidung einzelner Pflanzen gemacht sind. Fohlen lernen von ihren Müttern auch, ganz bestimmte Pflanzenteile zu bevorzugen, etwa bei den Gräsern die energiereichen Samen oder bei den Disteln die schmackhafte Blüte.

Pferde suchen außerdem gezielt nach Pflanzen, deren Inhaltsstoffe gesundheitsfördernde Eigenschaften besitzen und in einem gewissen Rahmen Beschwerden lindern können. So ist bekannt, dass viele Tiere und auch die Menschen in früheren Zeiten Weidenrinde als natürliches Schmerzmittel verwendeten. Pferde können diese Kenntnis ja nicht wissentlich weitergeben, sie geben aber ihre Erfahrungen über das soziale Lernen von den älteren, erfahrenen Tieren zu den Jungtieren von Generation zu Generation weiter. Auf diesem Weg entsteht eine Art kollektives Gedächtnis und nicht jedes Pferd muss auf sich allein gestellt die überlebenswichtigen Informationen zusammentragen, sondern kann vom Wissen der gesamten Gruppe profitieren.

In der heutigen Zeit kann diese Art der Wissensvermittlung dem Pferd aber auch zum Verhängnis werden. Viele Pferde werden inzwischen über weite Strecken in andere Klimazonen importiert und finden dort unter Umständen eine komplett andere Vegetation vor, zu der sie keinen in der Kindheit generierten Erfahrungsschatz besitzen. So können Pferden Fehler in der Nahrungsaufnahme

Fohlen lernen, bekömmliche Pflanzen von giftigen zu unterscheiden, indem sie ihre Mutter beobachten.

passieren, wenn sie sich in einem fremden Lebensraum nun vermehrt auf das Probieren einzelner Pflanzen und die daraus entstehenden Empfindungen verlassen müssen.

Pferde richten ihre erstaunliche Sensibilität nach innen. Sie sind sehr talentiert darin, ihr eigenes Körpergefühl zu kennen, ihrem Bauchgefühl zu trauen und es richtig zu interpretieren. Eine britische Versuchsreihe hat ergeben, dass Pferde durchaus eine Auswahl unterschiedlicher Pelletfuttermittel bevorzugten oder ablehnten, allein aufgrund von deren unterschiedlicher Bekömmlichkeit. Die Forscher interessierten sich in diesem Zusammenhang vor allem für die Verdauung der einzelnen Futterkomponenten. Da ja die Futteraufnahme und die Verdauung beim Pferd

viele Stunden in Anspruch nehmen, ist es erstaunlich, dass Pferde gezielt Rückschlüsse ziehen können, welches Futtermittel viele Stunden später ein leichtes Unwohlsein verursacht hat. Interessant ist, dass die Pferde diese Auswahl nicht treffen konnten, wenn die angebotenen Pellets geschmacksneutral waren. Es scheint so zu sein, dass ihr äußerst differenziertes Geschmacksvermögen und die darauf spezialisierte Erinnerungsleistung wichtige Komponenten in diesem so speziellen Bereich der Futterauswahl bilden.

Damit ein Pferd möglichst vielfältige Nährstoffe, Vitamine und Mineralien aufnehmen kann, die auch für seine gesunde Hirnentwicklung und -leistung wichtig sind, muss eine Weidefläche möglichst artenreich sein. Genau

Ein großer Pferdekopf *voller Ideen*

Ein Gewässer auf der Weide erweitert die Aktionsmöglichkeiten der Herde bedeutend.
(Foto: Shutterstock.de/InavanHateren)

hieran mangelt es unseren heutigen modernen Weideflächen sehr häufig. Unsere Pferdeweiden gleichen immer mehr Monokulturen aus nur wenigen Grasarten, auf denen weder viele unterschiedliche Kräuter noch Bäume und Sträucher zu finden sind. So haben die Pferde nur sehr eingeschränkte Möglichkeiten, Heilkräuter für sich zu finden, andere Tiere an ihrem Erfahrungsschatz teilhaben zu lassen und hin und wieder eine ungewöhnliche Delikatesse zu genießen.

FUNKTIONSKREISE
auf der Weide

Die Pferdeweide ist für die Entwicklung der kognitiven Leistungen eine Spielwiese an Möglichkeiten. Hier sollten unterschiedliche Bewegungsmuster, soziale Interaktionen und das Erproben von Fertigkeiten Raum haben.

Nur wenn das Pferd einen wirklich pferdegerechten Lebensraum vorfindet, kann es sich positiv entwickeln. Pferde können ihr kollektives Wissen nur dann anwenden, wenn ihnen die entsprechenden Funktionskreise auch zur Verfügung stehen. Unsere heutigen Weiden sind meist sehr aufgeräumte, rechteckige Flächen, auf denen nicht viel mehr unternommen werden kann, als die immer gleichen Pflanzen zu vertilgen.

Schon mitgebrachte Knabberäste bereichern die Umgebung des Pferdes und erweitern die Fläche um den Funktionskreis der Mineralienaufnahme über Rinde und Knospen. Unter dem Stichwort Enrichment wird eben diese Bereicherung des Lebensraums auf unterschiedliche Funktionskreise angewendet, um den Tieren zum einen mehr Abwechslung und Lebensqualität zu bieten, aber auch um ihren individuellen kognitiven Fähigkeiten auf die Spur zu kommen. Nehmen wir als Beispiel den Funktionskreis Spiel. Auf einer typischen Pferdeweide gibt es üblicherweise nur wenige Spielanregungen. Sicher werden Fohlen auch ohne weitere äußere Anreize spielen, aber für jugendliche oder gar erwachsene Pferde wird ein Spiel oft erst dann interessant, wenn sie zum Beispiel beim Laufspiel um eine Baumgruppe herumgaloppieren oder sich über einen kleinen Hügel verfolgen können.

Nun könnte man meinen, erwachsene Pferde bräuchten auch keine Spielanreize, weil viele Stuten tatsächlich recht selten ein ausgeprägtes Spielverhalten zeigen. Dabei übersieht man aber nur zu leicht, dass gerade der Bereich des Spiels einer der Hauptantriebe

der Intelligenzentwicklung bei Mensch und Pferd ist. Wir sind besonders dann kreativ, wenn wir uns zwanglos, ohne ein bestimmtes Ziel zu verfolgen, mit uns selbst, anderen Individuen oder mit Gegenständen beschäftigen – und Gleiches gilt auch für Pferde. Es gibt Filmaufnahmen, die sehr eindrücklich zeigen, wie kreativ Pferde kleine Spiele erfinden und wie selbstbelohnend diese zwanglose Betätigung sein kann: Zwei offensichtlich eng befreundete Pferde standen Seite an Seite, fast mit Körperkontakt, mit derselben Blickrichtung bis auf Brusthöhe in einem tiefen Tümpel im Wasser. Beide genossen völlig entspannt die Sonne und das warme Wasser und tauchten abwechselnd ihre Nüstern unter

Jedes Pferd entwickelt seine ganz persönliche Technik, um an die schmackhaften Äpfel zu gelangen.

Ein großer Pferdekopf *voller Ideen*

Im Sommer wälzen sich verschwitzte Pferde sehr gern im trockenen Staub. (Foto: Shutterstock.de/Edoma)

die Wasseroberfläche und erzeugten dort Blubberblasen. Der Sinn dieses unspektakulären Spielverhaltens liegt einfach in der Freiheit, etwas ausprobieren zu dürfen, den eigenen Körper zu erfahren und neugierig mit seiner Umwelt zu interagieren.

Ein anderes Beispiel ausgeprägten Spieltriebs sind die beeindruckenden Techniken, mit denen Pferde es schaffen, Äpfel von einem Baum zu schütteln. Einige Tiere schubsen den Baumstamm mit ihrem Hinterteil an und beobachten, wo die auf diese Art heruntergeschüttelten Äpfel hinfallen. Andere Pferde haben eher die Technik entwickelt, kräftig an einzelnen Zweigen des Apfelbaums zu ziehen und dann loszulassen, um mithilfe des zurückschnellenden Astes Äpfel von anderen Zweigen herunterzubefördern. Auf diese Art und Weise entwickeln die Tiere ganz individuelle Lösungsstrategien, und die Kombination aus Futterbelohnung und Erprobung der eigenen

Fertigkeiten ermuntert sie, in ihrer Umgebung nach weiteren Spielmöglichkeiten Ausschau zu halten.

Je weniger Möglichkeiten zur Selbstentfaltung wir unseren Pferden also bieten, umso weniger können sie ihre Kreativität ausbilden und umso weniger flexibel können sie auf neue Situationen und Außenreize reagieren. Dabei ist es wichtig für ihren Alltag, so viele Funktionskreise wie möglich abzudecken. Pferde brauchen ebenso Spielmöglichkeiten wie Witterungsschutz oder Wälzgelegenheiten. Jeweils innerhalb eines Funktionskreises kann man das Angebot noch weiter differenzieren. Je nach den eigenen Vorlieben oder je nach Witterung mögen Pferde lieber unter einer ausladenden Baumkrone Schutz suchen oder im windgeschützten Unterstand. Gewälzt wird sich im Sommer gern in feuchtem Lehm oder in trockenem Staub, wenn das Fell verschwitzt ist, im Winter aber auch gern im Schnee.

Die INNERE UHR

Wie wichtig Gewohnheiten für Pferde sind, zeigt sich, wenn man einmal ihren natürlichen Tagesablauf und die typischen wiederkehrenden Rhythmen beobachtet. So werden Pferde im Sommer zu anderen Tageszeiten und an anderen Plätzen auf der Weidefläche Siesta halten als im Winter, entsprechend ihrem synchronisierten Verhalten in bestimmten Zeitfenstern. Pferde ruhen sehr gern zusammen. Während sie dies an warmen Tagen bevorzugt auf leichten Anhöhen im luftigen Windzug oder im Schatten von Bäumen tun, finden sie sich im Winter gemeinsam an geschützten Stellen, an denen die Sonne den Sand erwärmt hat. Manchmal scheint es, als würden die Pferde lautlose Absprachen treffen, wenn sie sich auf sehr großen Weiden wie auf ein Stichwort hin in Bewegung setzen oder sich an der Tränke treffen.

Das Alltagsleben ist stark geprägt vom Ausleben von Gemeinsamkeiten, Pferde schätzen den Wert des gleichzeitigen Erlebens. Sie dösen etwa nebeneinander, sodass einer dem anderen mit dem Schweif sanft die Fliegen aus dem Gesicht wedeln kann. Nicht nur im Tagesgeschehen richten sich Pferde nach ihrem Zeitgefühl und wiederkehrenden Rhythmen, sondern auch im Jahresverlauf ändert sich das Verhalten von Pferden deutlich. Der Forschungszweig der Chronobiologie beschäftigt sich mit dieser wiederkehrenden zeitlichen Organisation innerer Prozesse, sie erforscht sozusagen das Ticken der inneren Uhr des Pferdes.

Pferde haben unterschiedliche Regelmechanismen, die wie Zeitgeber funktionieren, um sich etwa an den Tag-Nacht-Rhythmus, den Wechsel der Jahreszeiten oder die unterschiedliche Sonneneinstrahlung auf verschiedenen Breitengraden einzurichten. Die Zirbeldrüse im Zwischenhirn des Pferdes ist verantwortlich für das reibungslose Funktionieren dieser Rhythmen. Ist die biologische Uhr des Pferdes intakt, so wird beispielsweise die Stute im Frühjahr und Sommer regelmäßig rossig, im Winter dagegen nicht. In dieser Zeit ist es beispielsweise normal, dass die Pferde hormonell bedingt gerade so beschäftigt sind, dass sie für intellektuelle Höchstleistungen keine Ruhe haben. Die Biologie der Pferde regelt mit diesem Steuerungsmechanismus zum Beispiel die Paarungszeit, sodass die Fohlen in günstigen Monaten mit reichem Nahrungsangebot und gemäßigten Temperaturen zur Welt kommen. Denn auch das Nährstoffangebot über die Muttermilch und die Reize durch die Sonneneinstrahlung und die Temperatur fördern das gesunde Wachstum des Fohlens – sowohl das körperliche als auch das geistige. Heute wird der natürliche Paarungsrhythmus der Pferde vom Menschen durch Hormonbehandlungen und die nicht pferdegerechte Boxenhaltung massiv gestört, sodass durchaus Fohlen in den ungünstigen Wintermonaten zur Welt kommen.

Diese menschlichen Eingriffe in die Natur des Pferdes widersprechen den biologischen Rhythmen, die sich im Laufe der Evolution manifestierten und auch heute noch in ihnen wirken. Neuere Studien haben nachgewiesen, dass insbesondere urtümliche Pferderassen wie Exmoorponys oder Koniks durchaus eine Art Winterruhe einleiten. Sie fressen sich, wie es bei vielen anderen Tierarten üblich ist, vor dem Winter eine Speckschicht an und fahren dann ihren gesamten Stoffwechsel, ihren Herzschlag und ihre körperliche Aktivität deutlich zurück. Sie sind im Winter somit nicht genauso

Fohlen gedeihen in den warmen Frühlings- und Sommermonaten am besten. (Foto: Shutterstock.de/Lenkadan)

leistungsbereit wie im Sommer – was seinen biologischen Sinn hat, da sie ihre Energie und Fettreserven für die Thermoregulation und die Ausbildung eines dicken Winterfells benötigen.

Wollen wir also unserem Pferd auf Grundlage seiner genetischen Veranlagung angemessen begegnen, so ist es wichtig, sich mit seiner individuellen Chronobiologie zu beschäftigen. Zu welchen Tages- und Jahreszeiten hat es seine Aktivitätsmaxima? Wann möchte es eher seine Ruhe genießen? Wie regelmäßig ist der Zyklus einer Stute? Gibt es eventuell Zeiten, in denen die Leidenschaft für das Umherwandern besonders groß ist? All diese Faktoren zusammen ergeben ein Bild von der individuellen Tagesform eines Pferdes und verraten uns viel darüber, welchem jahreszeitlichen Rhythmus es unterliegt. Berücksichtigt

man die natürlichen Vorlieben des Pferdes, so wird es deutlich leistungsfähiger sein, als wenn wir immer gegen seine Natur arbeiten. Entscheiden wir uns als Liebhaber der nordischen Pferderassen also bewusst für ein paar Monate Winterferien für uns und unser Pferd, so bedeutet das nicht, dass wir bequem sind und uns ein Trainingsrückstand droht, sondern dass wir einfach seine biologische Uhr respektieren.

Konditionierungsprozesse
AUF BEIDEN SEITEN

Auch im täglichen Umgang mit dem Pferd zeigt es uns ständig, welche emotionalen Befindlichkeiten es beschäftigt. Dabei nimmt es auch unseren Gefühlszustand aufmerksam wahr. Wer genau hinsieht und eventuell wiederkehrendes Verhalten beobachtet, wird der Persönlichkeit und dem Denkvermögen des eigenen Pferdes mit der Zeit auf die Schliche kommen können.

Haben Sie sich schon einmal Gedanken darüber gemacht, wie viele Tricks Sie in den Augen Ihres Pferdes eigentlich beherrschen? Sprechen Sie es an, wenn es mit dem Vorderhuf scharrt? Kraulen Sie es, wenn es Ihnen den Kopf entgegenstreckt? All das zeigt, dass das Pferd sehr genau weiß, wie der Mensch tickt, und was es tun muss, um dessen Aufmerksamkeit zu erregen. Viele Entfesselungskünstler, vor denen kein Anbindeknoten sicher ist, oder notorisch scharrende Pferde nutzen unbewusst dieselben Konditionierungsmethoden wie wir, wenn wir ein Pferd ausbilden wollen.

Ein Beispiel: Das Pferd scharrt ausgiebig mit dem Vorderhuf und beobachtet uns aus dem Augenwinkel. Viele geplagte Pferdebesitzer können nicht mit ansehen, wie das Pferd den Huf abreibt und dabei das nervtötende Geräusch des sich abschabenden Materials erzeugt. Wie kommt es aber dazu, dass, obwohl so viele Reiter dieses Verhalten gern abstellen möchten, es nur den wenigsten gelingt und es sich teilweise sogar noch verstärkt?

Blicken wir einmal auf den Tag zurück, an dem sich dieses Szenario erstmals ereignete. Vielleicht aus Langeweile oder aus Ungeduld scharrte das Pferd versuchsweise mit dem Huf. Die Reaktionen des Menschen haben den Verlauf für die gesamte Zukunft maßgeblich vorgezeichnet. Die allermeisten Menschen reagieren milde genervt und werden vielleicht das Pferd kurz ansprechen, um es von seinem unerwünschten Verhalten abzubringen. Dabei übersehen sie, dass immer, wenn das Pferd ihre Reaktion auch nur aus

Mangel an aktuellen Alternativen angenehm findet, der Prozess der positiven Verstärkung in Gang gesetzt wird. Das Verhalten wird so etabliert und sich im Laufe der Zeit immer weiter verfestigen. Selbst ein leichter Klaps kann hierbei vom Pferd einfach als soziale Interaktion und keineswegs als Bestrafung wahrgenommen werden. Gerade dass der Mensch nicht immer gleich stark reagiert, fördert nach den schon erwähnten Gesetzen der unregelmäßigen Belohnung das Auftreten des unerwünschten Verhaltens und unterstützt es zusätzlich.

Aber es wird eben nicht nur das Pferd konditioniert, sondern auch der Mensch unterliegt hier einem Prozess der operanten Konditionierung, dem er sich nur sehr schwer entziehen kann. Die meisten von uns haben schon einmal gehört, dass in einem solchen Fall das Ignorieren das Mittel der Wahl sein soll. So weit die Theorie. Doch die Umsetzung ist schwierig, denn wenn der Mensch nicht reagiert, wird das Pferd zunächst munter weiterscharren und man wird sozusagen durch das nervige Geräusch und eventuell auch durch die empfundene Peinlichkeit gegenüber anderen Stallkollegen positiv bestraft; uns widerfährt hier etwas Unangenehmes. Die natürliche Folge jeder positiven Strafe ist das Meideverhalten. Der betroffene Mensch wird versuchen, nicht wieder in dieselbe Situation zu geraten. Abhängig davon, wie schlimm die Strafe, also das unangenehme Gefühl, gewesen ist, wird die Bereitschaft für unterschiedliche Reaktionen ausfallen. Führt das Ignorieren also wie oben beschrieben zur positiven Strafe, so wird der Mensch das Pferd wahrscheinlich wieder ansprechen, um zumindest kurzfristig das Scharren abzustellen. Hat er damit auch nur einen winzig kleinen Moment Erfolg – Sie

Die menschliche Aufmerksamkeit kann unerwünschtes Verhalten wie das Öffnen eines Anbindeknotens noch fördern.

erinnern sich vielleicht an die Gesetzmäßigkeiten der positiven Verstärkung? –, wird er eine Erleichterung verspüren und mit der folgenden kurzen Ruhe belohnt werden. Die Verstärker innerhalb dieser Situation fördern also die Verhaltensweisen von Mensch und Pferd. Nur wer sich auf einer höheren Ebene mit den Konsequenzen eines bestimmten Verhaltens auseinandersetzt, wird Lösungsansätze für Problemverhalten finden können, auch wenn das eigene Wohlbefinden vorübergehend in den Hintergrund rücken muss.

Das gleiche Phänomen der auf menschlicher und tierischer Seite beteiligten, unterschiedlich wirkenden Verstärker kann man bei dem verbreiteten Scheuen entdecken. Scheut das Pferd vor unterschiedlichen Außenreizen, so wird der Mensch durch die zum Teil heftigen Reaktionen des Pferdes wie Wegspringen oder Losreißen ebenfalls erschreckt. Auch beim Menschen läuft hier spontan ein unbewusster Konditionierungsprozess ab. Bestimmte Auslöser werden so zu Anzeichen dafür, dass eine positive Strafe eintreten könnte, dass also etwas Unangenehmes unmittelbar bevorsteht.

Nicht immer ist es also das Pferd, das wirklich Angst vor dem vorbeifahrenden Traktor hat. Es kann auch sein, dass der Besitzer durch ein einmaliges unschönes Erlebnis den Zusammenhang gelernt hat, dass der Traktor ein Auslöser für ein heftiges Verhalten seines Pferdes war. Indem er nun versucht, das eigene

Wohlbefinden zu erhalten, also die Strafempfindung und den damit verbundenen Stress zu vermeiden, kann es passieren, dass er genau mit seinem vorsichtigen Verhalten wiederum das Pferd erst darauf aufmerksam macht, dass es sich hier um eine potenziell gefährliche Situation handeln könnte. Beide Seiten reagieren also wechselseitig auf die empfundenen Auswirkungen bezüglich ihres Wohlbefindens.

Diese Feedbackschleifen durchziehen ständig unseren Alltag mit den Pferden. Und einige dieser Wechselwirkungen können sich zu einem wahren Teufelskreis auswachsen, wenn wir nicht aufmerksam genug darauf achten, wer eigentlich auf wen reagiert und wie fortwährend unsere Emotionen untereinander kommunizieren.

Bedeutung kleinster
ERINNERUNGSSPLITTER

Bestimmte Erinnerungssplitter, positive Assoziationen und angenehme Erlebnisse sind der rote Faden, an dem sich das Gedächtnis entlanghangelt. Jeder Gedächtnisinhalt ist mit sehr individuellen Auslösern verknüpft; so kann zum Beispiel bei uns schon ein Geruch eine lang verschüttete Kindheitserinnerung wieder aufleben lassen. Von den erstaunlichen Erinnerungsverknüpfungen des Pferdes können viele Zirkus- und Dressurreiter berichten, wenn sich Pferde über Jahre hinweg ganze Dressuraufgaben einprägen und auf Abruf abspulen können.

Diese Leistung liegt in ihrer beeindruckenden Merkfähigkeit begründet. Das führt dazu, dass sie gar nicht die Hilfen des Reiters abwarten, sondern die folgenden Lektionen einfach vorwegnehmen und die altbekannte Reihenfolge wieder abrufen können. Hier kann man sehr schön die Beteiligung scheinbar unbedeutender Erinnerungsaspekte des damaligen Trainings wiedererkennen. Viele Pferde etwa prägen sich die eingespielte Kürmusik ein und orientieren sich dann zielsicher am Ablauf der Komposition. Manchmal reichen schon Bruchstücke wie das Einsetzen eines bestimmten Instruments aus, um die alte Erinnerung auch noch viele Jahre nach dem letzten Auftritt wieder an die Oberfläche zu spülen.

Es gibt sogar einige alte Zirkuspferde, die ihre gesamte Shownummer fehlerfrei auch nach vielen Jahren außerhalb der Manege zeigen konnten, wenn sie einen für uns unbedeutenden Reiz wahrnahmen, der dann einen kompletten Gedächtnisinhalt aktivierte. Lernen und Erinnern findet eben nicht in einem Vakuum statt, sondern wir müssen uns immer wieder vergegenwärtigen, dass alle sinnlich wahrnehmbaren Außenreize von dem Pferd mit Bedeutung aufgeladen werden können. Jede Beschäftigung mit unserem Pferd wird von diesen unsichtbaren Faktoren beeinflusst, und auch wenn wir sie nicht in gleicher Weise wahrnehmen können, sollten wir ihre Anwesenheit immer im Hinterkopf behalten. In unserem Trainingsalltag ist es deshalb zum Beispiel sinnvoll, zunächst immer an der gleichen Stelle auf dem Reitplatz mit dem Erlernen des Kompliments zu beginnen. Das Pferd kann sich über den gleichbleibenden Ort leichter an die verlangte Lektion erinnern. Damit es das Verhalten aber nicht nur mit eben diesem Ort verbindet, müssen wir nach ersten Trainingserfolgen dazu übergehen, unter immer unterschiedlichen Bedingungen, also auch mal in der Reithalle oder im Paddock, zu üben.

IM
Zickzackkurs
DURCHS PFERDEGEHIRN
Was steckt unter dem Pferdeschopf?

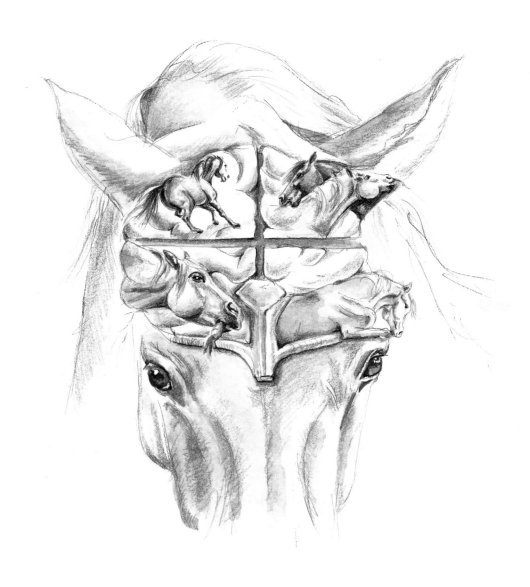

Wie schön wäre es doch, wenn man einfach die Gedanken des Pferdes lesen könnte. Wie viel harmonischer wären das Zusammenleben und die Ausbildung … Weder beim Menschen noch beim Pferd ist es den Forschern bisher gelungen, ganz exakt nachzuvollziehen, wie das Denken im Gehirn wirklich abläuft. Dazu ist das dichte Netz aus Nervenzellen und unterschiedlichen Gehirnbereichen auch viel zu komplex. Dennoch wissen wir heute schon recht genau, wie die Denkprozesse gestaltet sind und nach welchen Prinzipien das Pferdegehirn arbeitet. Dabei ist es wichtig zu bedenken, dass Pferde zwar einerseits wie wir ein typisches Säugetiergehirn mit ähnlichen Funktionsbereichen und Arbeitsweisen besitzen. Andererseits aber unterscheidet sich das Pferdegehirn insbesondere in Details durchaus vom menschlichen Gehirn, was vor allem auf den unterschiedlichen evolutionären Werdegang zurückgeführt werden kann. Daraus ergeben sich eine gänzlich andere Wahrnehmung und eine einzigartige Intelligenz der Pferde, die ihren Zugang zur Welt widerspiegelt und die mit unserer nur bedingt vergleichbar ist.

Im pferdischen
OBERSTÜBCHEN

Bei der Verarbeitung der Informationen, die auf das Pferd über das sensorische System, die schon erwähnten Rezeptoren und die Sinnesorgane einwirken, spielt das zentrale Nervensystem, also das Gehirn und seine Fortsetzung im Rückenmark, die Hauptrolle. Eine große Bedeutung kommt daneben dem Hormonsystem, dem sogenannten endokrinen System, des Pferdes mit seinen über den ganzen Körper verteilten spezialisierten Drüsen zu. Diese beiden Hauptkomponenten sind sowohl räumlich als auch funktional so eng miteinander verwoben, dass man auch von einem neuroendokrinen System spricht.

Bei der Verarbeitung eines Reizes, der auf das Pferd trifft, wird eine Vielzahl sehr komplizierter physikalischer und chemischer Vorgänge ausgelöst. Ziehen wir beispielsweise am Zügel, so übt das Gebissstück im Pferdemaul einen mechanischen Reiz, einen Druck auf die Maulwinkel und die Zunge aus. Diese Reize werden von den in diesen Körperteilen befindlichen Rezeptorzellen, die darauf spezialisiert sind, Druck weiterzugeben, aufgenommen. Die Rezeptorzelle reagiert nun: Sie meldet einen Input von Informationen an das Nervensystem, quasi die Rohdaten. Der jeweilige Rezeptor ist auch mitverantwortlich für die wahrgenommene Stärke der Empfindung des Pferdes. Ist er beispielsweise überstimuliert, so kann hier schon jeder minimale neue Reiz wie Schmerz empfunden werden – ein Grund dafür, warum viele Pferde überempfindlich auf Druck auf die Zunge reagieren, wenn sie dauerhaft mit einer zu harten Hand geritten wurden. Zur Abstumpfung führt die harte Hand des Reiters immer dann, wenn die immer gleiche Rezeptorzelle permanent gereizt, die Schmerzschwelle jedoch nicht überschritten wird. Das Nervensystem des Pferdes ist ein elektrischer Impulsgeber; sämtliche Informationen werden in elektrische Signale umgewandelt. Nervenzellen und auch Muskelfasern übertragen diese Impulse dann, vereinfacht gesagt, fast wie ein Stromkabel. Manche von ihnen können Impulse extrem schnell übermitteln, andere sind vergleichsweise langsam in ihrer Übertragung. Im Pferdegehirn entsteht aus

Pferde werden von optischen Reizen leicht abgelenkt. (Foto: Shutterstock.de/spwidoff)

diesen neutralen Botschaften erst die eigentliche Empfindung.

So manches Mal kann man sich fragen, warum Pferde nicht so zielstrebig denken und leicht abgelenkt sind, warum sie im Training nicht genauso fokussiert und konzentriert bei der Sache bleiben können wie wir selbst. Eine der Ursachen für die vermeintlich schlechtere Konzentrationsfähigkeit und leichtere Ablenkbarkeit von Pferden liegt im Aufbau ihres Gehirns begründet. Beim Menschen ist der Balken, der unsere beiden Gehirnhälften miteinander verbindet, Corpus callosum genannt, besonders stark ausgebildet. Er ist verantwortlich für die effektive Koordination der Hirnbereiche und für den Informationsaustausch zwischen den Gehirnhälften. Dieser Balken ist beim Pferd wesentlich schwächer ausgeformt und aufgrund seiner geringeren Funktionalität kann das Pferd nicht ganz so konzentriert bewusst Handlungen steuern und lösungsorientiert denken.

Unser menschliches Denkvermögen entscheidet dagegen blitzschnell, was in einem Moment wichtig ist und was nur eine unnötige Ablenkung darstellt. Der Balken in unserem Kopf hat nämlich auch eine hemmende Funktion; daher konnten wir uns als Schüler sogar in einem lauten Klassenzimmer auf unsere Matheaufgaben konzentrieren. Vom

Pferd werden dagegen die vielen Umweltreize oft als gleichwertig empfunden. Das heißt, Pferde können den Reizen keine höhere oder geringere Wichtigkeit, keine Priorität zuordnen. Für unser Pferd ist der weit am Horizont zu sehende Reiter genauso wichtig oder je nach Motivation sogar noch wichtiger als unsere Bodenarbeitseinheit oder der überlaute Rasenmäher im Nachbargarten.

Alles was in den Fokus der Sinnesorgane gerät und vor allem solche Eindrücke, welche die Gefühlsebene des Pferdes ansprechen, fesseln seine Aufmerksamkeit. Diese sensible Offenheit ist noch ein Erbe der wilden Vorfahren der Pferde, denn in der freien Natur war es überlebenswichtig, ständig die Gesamtheit der Umgebung wahrzunehmen. Dies gilt es zu verstehen und als eine besondere Fähigkeit anzunehmen, anstatt diese Eigenschaft als ständigen Störfaktor zu empfinden. Pferde können ihrer Natur ebenso wenig entkommen wie wir; nur ist ihre Pferdeintelligenz nun mal darauf ausgelegt, aufmerksam auf kleinste Veränderungen zu reagieren. Sie scannen ständig ihre Umwelt und halten Ausschau nach ungewöhnlichen Phänomenen. Der sogenannte Pop-Out-Effekt bewirkt, dass Lebewesen einen Gegenstand in einer Reihe sofort als „anders" wahrnehmen, wenn er auch nur eine einzige andere Eigenschaft besitzt. So wird uns Menschen beispielsweise ein roter Buchstabe in einem ansonsten in Schwarz geschriebenen Text förmlich ins Auge springen und unsere Aufmerksamkeit wird automatisch dorthin gelenkt.

Pferde können diesen Effekt eindrucksvoll dazu nutzen, ihre Umgebung nach möglichen Gefahren abzuscannen. Zwischen der üppigen Vegetation und den anderen Pferden sticht ihnen das ungewöhnliche Bewegungsmuster eines umherstreifenden Hundes im Unterholz schon von Weitem als „anders" ins Auge. Pferde reagieren auf nicht in das alltägliche Bild passende Außenreize mit erhöhter Aufmerksamkeit oder sogar Aufregung und werden im Notfall auch die Flucht ergreifen. Das Gehirn entscheidet dabei unbewusst im Bruchteil einer Sekunde, welche Reaktion angemessen ist. Diese Fähigkeit, schnell zu reagieren, hat sich als evolutionärer Vorteil erwiesen und den Vorfahren unserer Pferde oft das Überleben gesichert.

Im heutigen Umfeld des modernen Reitpferdes erweist sich diese Eigenschaft nicht immer als so hilfreich. Pferde sollen ja auf einem Ausritt nicht hinter jedem Busch ein mögliches Raubtier sehen oder beim Turnier von den fremden Pferden so abgelenkt sein, dass sie sich gar nicht mehr auf die eigentliche Aufgabe konzentrieren können. Glücklicherweise können Pferde lernen, ihr Konzentrationsvermögen zu vergrößern. Sie gewöhnen sich durch unsere immer schwieriger werdenden Aufgaben und Trainingssituationen an eine stärkere Ablenkung und lernen über viel Beziehungsarbeit, dem Menschen zu vertrauen.

EMPFINDUNG
aus Sicht des Pferdes

Was auch immer sich im Bewusstsein des Pferdes oder eines Menschen abspielt: Die Assoziationen zu bestimmten Reizen sind eine sehr persönliche Erfahrung und eng an das eigene Empfinden gekoppelt. Selbst bei scheinbar allgemeingültigen Empfindungen gilt dieser subjektive Charakter der Wahrnehmung. Sagt uns jemand zum Beispiel, dass

Jedes Pferd besitzt ein ganz spezifisches Erregungsmuster in seinem Gehirn für seine Geschmacksvorlieben und freut sich so auf seine ganz eigene Weise über die aus dem Intelligenzspielzeug ergatterten Leckerlis.

ein Joghurt nach Erdbeere schmeckt, meinen wir genau zu wissen, was gemeint ist; wir haben diesem bekannten Geschmack eine Bezeichnung gegeben und uns gewissermaßen darauf geeinigt, dass wir alle von derselben Sinnesempfindung sprechen. Aber diese Geschmacksempfindung wird ganz und gar nicht bei uns allen dieselbe sein. Es gibt Menschen, die das, was für mich Erdbeergeschmack ist, als Bananenaroma empfinden, es allerdings

84

auch Erdbeergeschmack nennen, weil sie es nun einmal so gelernt haben.

Ein Spezialfall ist die Synästhesie: Von dieser Besonderheit betroffene Menschen können Töne schmecken oder Farben hören. Auch wird ein ausgebildeter Sommelier wesentlich feinere Nuancen erschmecken und benennen können als jemand, der sich eher für Musikstile interessiert. Gerade die Kaninchen haben uns in diesem Bereich der Forschung große Erkenntnisse geliefert. Ihnen wurden in Versuchsreihen unterschiedliche Gerüche präsentiert, beispielsweise nach Möhre oder auch nach der von ihnen so geliebten Petersilie. Jedes Kaninchen konnte sich an seine Lieblingsspeisen gut erinnern; es ergaben sich somit die charakteristischen, immer wieder genau gleichen, über Computertomographen messbaren Erregungsmuster im Gehirn des Tieres, die „Möhre" oder „Petersilie" anzeigten. Gewissermaßen hatte jedes Kaninchen seine eigene Bezeichnung für diese Gerüche. Besonders interessant ist jedoch, dass ein und derselbe Möhrengeruch bei jedem Kaninchen ein ganz anderes Erregungsmuster im Gehirn verursachte. Jedes Tier hatte also seine ganz eigene Vorstellung von einem der Gerüche. Auch beim Pferd ist das individuelle Erleben eines Sinneseindrucks immer einzigartig, denn jeder Reiz wirkt in einem für uns unsichtbaren Netz aus Emotionen und Erinnerungen.

DENKSLALOM

Wir haben schon gesehen, dass von Pferden ein und derselbe Gegenstand in unterschiedlichen Positionen nicht immer genau gleich empfunden werden muss (siehe S. 25). Am Beispiel der Mülltonne haben wir erfahren, dass manche Pferde überrascht sind, wenn dieser Gegenstand sich anders als üblich darstellt. Wir Menschen denken, wir wären dem Pferd in dieser Hinsicht überlegen, aber auch das stimmt nicht so ganz. Unsere Denkmuster sind natürlich anders als die eines Pferdes, da die Natur uns für andere Aufgaben vorgesehen hat als das Pferd. So ist die Fähigkeit, Übereinstimmungen festzustellen, bei uns sehr gut entwickelt, und sie ist zum Beispiel eine der Voraussetzungen für unser Sprachvermögen.

Unser Gehirn ist jedoch auch darauf ausgelegt, dass Objekte wie eben Schriftzeichen oder Buchstaben Sinn ergeben sollen; wir sehen sie weniger als Farben und Striche, sondern mehr in ihrer Gesamtheit, Funktion und Bedeutung. Deutlich werden die Schwachstellen dieser Fähigkeit, wenn wir auf optische Täuschungen treffen, bei denen einfache Linien auf einem Blatt Papier uns Steigungen vorgaukeln oder nicht vorhandene Gegenstände in unserem Geist entstehen. Auch kann dieses Objektverständnis leicht ausgetrickst werden, nämlich dann, wenn es darum geht, einen uns nicht ganz so geläufigen Gegenstand oder ein Symbol wie etwa einen Notenschlüssel seinem gedrehten oder spiegelverkehrten Zwilling zuzuordnen. Unser Gehirn wäre hier sehr schnell überfordert, wir müssten vielleicht die Symbole selbst aufzeichnen, um der Lösung auf die Schliche zu kommen. Je größer der Drehwinkel des Objektes dabei ist, desto schwieriger wird uns diese Aufgabe vorkommen. Jede gewöhnliche Taube kann diesen Test spielerisch sofort richtig lösen – bei flugfähigen Tieren ist das Gehirn auf gutes Sehvermögen und das Wiedererkennen kleinster räumlicher Veränderungen ausgelegt. In Vergleichsstudien, bei denen die Probanden minimale Größenunterschiede innerhalb eines Balkendiagramms unterscheiden sollten, schlugen die Vögel die menschlichen Studenten jedes Mal bravourös.

In dieser Hinsicht stehen Pferde mit der Leistungsfähigkeit ihrer Wahrnehmung wohl zwischen der Taube und dem Mensch. Ist das Pferd nun dümmer und die Taube schlauer als der Mensch? Sicher nicht, aber sie haben eine andere Sicht auf die Welt; und diese Unterschiede in der Rezeption führen zu einem unterschiedlichen Weltbild, das wir erst jetzt langsam zu verstehen beginnen.

Wie kategorisieren Pferde ihr Weltbild?

Das Pferdegehirn ist ebenso wie das menschliche Gehirn darauf ausgerichtet, der Wahrnehmung Bedeutungen zu geben. Sicher nicht in demselben Ausmaß wie beim Menschen, der sogar abstrakte Symbole mit Bedeutung auflädt; aber in ihrer inneren Vorstellungswelt werden auch Pferde bestimmte Einteilungen vornehmen, von denen sie nicht sehr gern wieder abweichen. Sie können also Wasser immer als solches erkennen und zuordnen, egal, ob es in Gestalt eines Bachs, eines Weihers oder einer Pfütze daherkommt. Ihre Artgenossen werden sie in die Kategorie Pferd einteilen, unabhängig von ihrer Farbe oder dem Geschlecht.

Interessant wird es immer dort, wo die Wirklichkeit von der Erwartung des Pferdes abweicht. Hat ein Pferd, so wie mein erstes Pony Maraschino etwa, nie ein Gangpferd mit seinem Tölt und Pass kennengelernt, so kann es mit Verwirrung darauf reagieren, da diese Bewegungsform in keine seiner bekannten Denkkategorien passt. Irgendwie scheint es ein Pferd zu sein, irgendwie aber auch wieder nicht, da ein entscheidendes Kriterium, nämlich das „Gangbild", nicht mit der eigenen Erwartungshaltung korrespondiert. Eine Freundin von mir berichtete zum Beispiel von einer Stute, die scheinbar Angst vor Pferden mit Behang an den Beinen wie Friesen oder Tinkern mit ihren ungewöhnlichen „Puschelfüßen" hatte. Andere Pferde wiederum scheinen ihre Artgenossen manchmal kaum wiederzuerkennen, wenn diese eine Decke tragen.

Man kann sich die Einteilung insofern wie einen gut geordneten Aktenschrank vorstellen, in dem man Regale und Aktenordner mit beschrifteten Trennblättern findet. Dieses Archiv im Pferdegehirn stützt sich auf Erfahrungswerte bezüglich bekannter Merkmale, die dann bestimmten Lebewesen, unbelebten Objekten oder Emotionen zugeordnet werden. Entsprechen nur wenige Merkmale einer bekannten Kategorie, kann dies zu großen Unsicherheiten führen bis zu dem Zeitpunkt, an dem eine neue Kategorie mit den dazugehörigen Hauptmerkmalen entsteht. Damit wird nach einer Kennenlernphase auch ein Islandpferd in die Kategorie „Pferd" einsortiert und es ergibt sich so eine größere Toleranz in Bezug auf das Gangbildspektrum der Artgenossen.

In den ersten Lebensmonaten des Pferdes, in der sogenannten Sozialisierungsphase, ist das Fohlen besonders offen für diese Art der Lernerfahrungen. Hier darf es all das Überlebenswichtige lernen und erfahren, was es heißt, ein Pferd zu sein, und wie die Welt üblicherweise aussieht. In dieser äußerst sensiblen Phase fällt für das junge Pferd die

Der ungewöhnliche Sinneseindruck auf einer Wippe fördert den Körpersinn eines Pferdes nachhaltig.

Unterschiedlichkeit der Phänomene nicht so stark ins Gewicht, es ist offen für neue Erfahrungen und bereit, viele neue Kategorien in seinem noch ganz frisch aufgebauten Archiv zu bilden. Wer sein Pferd aber sehr reizarm und in Gesellschaft von nur wenigen anderen Tieren aufwachsen lässt, verwehrt ihm, seine eigenen positiven Erfahrungen zu sammeln. Damit bringt er es um die wunderbare Möglichkeit zu lernen, die vielfältigen Eindrücke in seine Erfahrungswelt einzuordnen. Nicht umsonst heißt es in der Gehirnforschung in Bezug auf die Fähigkeiten des Gehirns: „Use it or lose it", was so viel bedeutet wie: „Benutze es oder verliere es." Das Pferd erwirbt also erst durch ein anregendes und abwechslungsreiches Umfeld die Fähigkeit zur Kategorisierung, die dann das gesamte Leben lang seine geistige Flexibilität in einen vertrauten Rahmen einbettet.

Im *Zickzackkurs* durchs Pferdegehirn

Symmetrisch angeordnete Symbole wie bei einem Würfel können von Pferden am besten erfasst werden.

Sinn für SCHÖNHEIT?

Was ist die Gemeinsamkeit bei Bildern von einem Herz, einem Stern und einer Blume? Weder Pferden noch Menschen fiele meist spontan eine Antwort darauf ein, doch können beide dieses Rätsel spielend beantworten, wenn man in der richtigen Art und Weise danach fragt und den Test gut vorbereitet. Der Schlüssel zur Lösung dieser Aufgabe liegt im spiegelbildlich symmetrischen Aufbau der gezeichneten Objekte. Alle drei genannten Beispiele lassen sich an einer gedachten Mittelachse spiegeln.

Pferde können ebenso wie wir erlernen, was Symmetrie ist, und würden demnach die oben genannten Begriffe in die Kategorie „symmetrisch" einordnen können, während die Kategorie „asymmetrisch" leer bleibt. Diese Fähigkeit des Pferdegehirns geht also über das bloße Kategorisieren von Gegenständen hinaus. Pferde können erstaunliche Abstraktionsleistungen vollbringen. Sie begreifen, dass eine weitere Dimension der Wahrnehmung existiert und dass es allgemeingültige Eigenschaften gibt, die losgelöst von der Objektkategorie eine ganz eigene Wahrnehmungsgröße darstellen. Wie wir Menschen auch besitzen sie gewissermaßen einen Sinn für die Schönheit von Gegenständen, sie orientieren sich an der räumlichen Anordnung und Symmetrie. Pferde können auf diese Art und Weise auch völlig unbekannte Gegenstände und Symbole in ihren Eigenschaften benennen, ohne dass diese Fähigkeit für jedes neu gezeigte Objekt erneut eingeübt werden musste. Weitere Beispiele für solche Abstraktionen sind die Unterteilungen in spitz oder rund, weich oder hart und warm oder kalt; auch hier konnten die intelligenten Vierbeiner die gesuchten Bewertungskriterien sicher erarbeiten.

Ebenso fantastisch erscheint ihr Verständnis für die Welt der Zahlen, da sie auch die Anordnung einer Anzahl von Dingen als Kriterium für eine Mengenerkennung verstehen können. So sind sie etwa in der Lage zu lernen, dass das Symbol der Zahl Drei sowohl für drei Möhren als auch für drei Äpfel oder

Pferde können auch abstrakte Symbole Kategorien zuordnen.

drei Menschen und darüber hinaus für jegliche neue gezeigte Anordnung gilt. Auf einen Blick können Pferde, ohne wirklich zu zählen, ebenso wie wir Menschen eine begrenzte Menge erkennen. Je nach individuellen Fähigkeiten liegt die Grenze der so erfassbaren Menge bei Pferden bei vier bis fünf. Dies fällt ihnen immer dann besonders leicht, wenn die Symbole oder Objekte symmetrisch angeordnet sind, sodass sie auf Anhieb erkennbar sind.

Vielleicht haben Pferde keine Vorstellung von der Zahl Drei, aber sie sind in der Lage, ein abstraktes Symbol mit einer Menge von realen Objekten zu verknüpfen. Dieses Vorstellungsvermögen haben sie nicht nur in Bezug auf Zahlen, sondern beispielsweise auch in der Kategorisierung von Rhythmen. Würde man einem Pferd, das einmal weiß, nach welcher Eigenschaft wir es fragen wollen, unterschiedliche Musikstile vorspielen, so würde es anhand des Rhythmus' zielsicher eine Unterscheidung treffen. Pferde können genau wie ein guter Tänzer sofort den Tango im Viervierteltakt vom Wiener Walzer im Dreivierteltakt unterscheiden. Und zwar nicht deswegen, weil sie es für jedes einzelne Musikstück gelernt hätten, sondern weil sie unabhängig von Tempo oder Lautstärke auch bei jedem noch unbekannten Stück den Takt erkennen können.

Im *Zickzackkurs* durchs Pferdegehirn

DAS PFERDEGEHIRN
in seiner Umwelt

Warum zeigt das eine Pferd ein bestimmtes Verhalten und bei einem anderen können wir dieses nie beobachten? Vor allem wenn wir selbst ein Problem mit bestimmten Verhaltensweisen eines Pferdes haben, fragen wir nach dem „Warum" mit der Absicht, das Verhalten zu verstehen und langfristig verändern zu können. Warum also steigen manche Pferde? Warum lassen sie sich schlecht biegen? Warum gehen sie im Gelände durch? Warum lassen sie sich nicht einfangen? Wollen wir Lösungen für solche Fragestellungen finden und unser Pferd in seinen Handlungen besser verstehen, so müssen wir diese Fragen individuell je nach Pferd und Situation stellen und sie vor allem auf unterschiedlichen Ebenen betrachten.

Der Nobelpreisträger Nikolaas Tinbergen machte die Frage nach dem „Warum" Mitte des 20. Jahrhunderts zu einem zentralen Thema der Verhaltensforschung. Um die inneren Denkprozesse eines Pferdes wirklich verstehen zu können, sollten wir uns an seiner Art der Fragestellung orientieren. Tinbergen zufolge gibt es mindestens vier Bereiche, welche die Ursache für das „Warum", also die Absicht des Pferdes, widerspiegeln:

- der Bereich der Verursachung, also die Frage nach dem „Warum" aus physiologischen Gründen,
- die Frage nach der Funktion des Verhaltens im natürlichen Umfeld des Pferdes,
- die Frage nach der individuellen Persönlichkeitsentwicklung des Pferdes,
- die Herkunft der Verhaltensweise aus stammesgeschichtlicher Sicht, aus der Evolution der Equiden.

Spielen wir die möglichen Antwortebenen an einem konkreten Beispiel durch, so wird deutlich, dass die Betrachtung einer einzigen Ebene uns nicht zu einer umfassenden Antwort bezüglich unseres ursprünglichen Anliegens führen wird, sondern erst die vielschichtige Fragestellung nach den Gründen für ein Verhalten uns dem Verstand des Pferdes und seinem Handeln näherbringt.

Fragen wir uns also, warum ein Pferd steigt. Die Antwort auf der ersten Ebene, der Ebene der Verursachung, macht deutlich, dass bereits hier viele Gründe in Wechselwirkung zueinander auftreten können. Das Pferd steigt aus rein physiologischen Gründen und einfach wertfrei deswegen, weil bestimmte Nervenimpulse zu genau diesen Muskelbewegungen führen. Beteiligt sind dabei der Input bestimmter Sinnesorgane, etwa weil das Pferd einen unbekannten oder bedrohlichen Reiz wahrgenommen hat, die angemessene Reaktion im Gehirn und die daraus folgenden biochemischen Vorgänge wie die Ausschüttung von Adrenalin durch den entstandenen Stress.

Auf der nächsten Ebene schauen wir uns die ursprüngliche ökologische Funktion des Steigens an, also warum das Steigen an sich für Pferde einen Überlebenswert darstellt. Pferde steigen auch auf dieser Ebene aus sehr unterschiedlichen Gründen, etwa weil sie ein Raubtier abwehren, als Ausdruck von Schmerz oder aber beim Kampf mit einem Rivalen. Steigen ist ein natürliches Verhalten des Pferdes und wir müssen sämtliche Kontexte kennen, in denen es möglicherweise gezeigt wird, um zu entscheiden, warum unser Pferd in dieser Situation dieses spezifische Verhalten zeigt.

Gehen wir zur Ebene der individuellen Entwicklung über, kommen wir zur Frage, warum

Die soziale Kompetenz entwickelt sich aus den Interaktionen mit anderen Herdenmitgliedern. (Foto: Shutterstock.de/Alexia Khruscheva)

sich das Steigen gerade bei diesem Individuum als Lösungsmuster in eben dieser Situation entwickelt hat. Es steigt möglicherweise, weil es dieses Verhalten in der Vergangenheit erlernt und schon oft damit Erfolg hatte. Der daraufhin ängstlich reagierende Mensch ist abgestiegen, der Schmerz beim Setzen einer Spritze ließ nach oder der Futterkonkurrent konnte vertrieben werden. Immer müssen wir die Vorgeschichte des Pferdes möglichst genau kennen, um sein charakteristisches Verhalten und seine typischen Denkmuster entschlüsseln zu können.

Schließlich können wir das Steigen auch auf der stammesgeschichtlichen Ebene betrachten, also fragen, warum das Steigen sich im Laufe der Evolution und Domestikation in dieser Form ausgebildet hat. Auf diese Weise extrovertiert agierende Pferde waren vermutlich sehr erfolgreich in der Feindabwehr und konnten so mehr Nachkommen hinterlassen; auch wurden in der Geschichte der Zuchtbemühungen durch den Menschen schon früh ausdrucksstarke Exemplare mit einer Neigung zum Angriffsverhalten zum Beispiel für den militärischen Einsatz ausgewählt. Daher

Im *Zickzackkurs* durchs Pferdegehirn

Jedes Pferd lernt aus seinen Erfahrungen und den damit verbundenen Emotionen. So wird es die Belohnung in Form einer Möhre positiv in Erinnerung behalten (oben), auf das unerwartete Entfernen seiner Futterschüssel irritiert reagieren (rechts), nach dem Konflikt mit einem Artgenossen erleichtert sein (unten) oder nach einem heftigen Stromschlag ein schützendes Meideverhalten zeigen (links).

schlummert diese Konfliktstrategie auch heute noch in deren Nachfahren, die diese Art der Verteidigung bevorzugen.

Betrachten wir auch einmal den Bereich der kognitiven Fähigkeiten des Pferdes nach diesem Muster, also mit Tinbergens Fragen. Warum also ist mein Pferd so clever und trickst mich manchmal sogar aus? Es verhält sich intelligent, weil es schlicht dazu in der Lage ist. Es hat von der Natur ein hoch entwickeltes Gehirn und sehr leistungsfähige Sinnesorgane

mitbekommen und es stehen ihm alle physiologischen Mechanismen zur Verfügung, um komplexe Verhaltensweisen auszuführen. Pferde brauchen in der freien Natur einen leistungsfähigen Verstand; sie müssen in der Lage sein zu lernen, sich zu erinnern und ihre Handlungen bewusst auszuwählen, sonst wären sie nicht überlebensfähig und womöglich bereits seit Urzeiten ausgestorben. In der Lebensgeschichte eines Pferdes hat sich genau der Grad der Intelligenz entwickelt, der im Rahmen seiner Erfahrungen, Lebensumstände und Förderungen nötig war.

In der menschlichen Obhut legen wir mit unserer pferdegerechten Ausbildung und Nutzung einen weiteren Baustein für die geistige Entwicklung und erhalten so eine starke Persönlichkeit, die dem Leben in unserer Kulturlandschaft gewachsen ist. Es konnte seine Möglichkeiten entdecken und erweitern, seine Gedanken vernetzen und es lernte, sein Gedächtnis effektiv zu nutzen. Und schließlich treffen wir auch heute noch auf intelligente Pferde auf unseren Weiden, da ihre hoch entwickelte geistige Ausstattung ihnen einen überlebenswichtigen evolutionären Vorteil bescherte und wir so ihren cleveren Ururenkeln begegnen dürfen.

VOLLBLÜTER
schlauer als KALTBLÜTER?

Schon seit Generationen zerfällt die auf Tiere spezialisierte Verhaltenswissenschaft in verschiedene Lager. Die eine Fraktion hält die vererbten Merkmale eines Tieres für den entscheidenden Faktor für seine Verhaltensweisen, die andere Fraktion widerspricht diesem „Natur-Determinismus" und betont, dass ein Lebewesen erst durch seine Erlebnisse und Erfahrungen zu dem gemacht wird, was es ist. Für die einen verhalten sich Tiere und auch Menschen maßgeblich so, wie es ihre genetische Grundausstattung vorgibt. Besondere Fähigkeiten sollten demnach vererbt werden und somit je nach Rasse des Pferdes unterschiedlich stark ausgeprägt sein. Für Verfechter dieser Theorie ist es ganz offensichtlich so, dass manche Pferderassen cleverer sind als andere.

Sicher ist uns allen klar, dass neben den von Geburt an vorhandenen Verhaltensmustern und persönlichen Neigungen auch sehr vieles im Leben erlernt werden muss. Jedes Pferdekind wird zunächst neugierig die Welt entdecken und erst aufgrund der eigenen Erfahrungen später manche Situationen meiden und andere genießen. Es wird vielleicht nach der ersten unsanften Impfung Angst vor Spritzen oder dem Tierarzt bekommen. Ebenso spielen aber auch vererbte Neigungen zu Verhaltensmustern und für uns unsichtbare Erbfaktoren eine große Rolle.

Es können sehr schnell über wenige Generationen auffallend ängstliche Pferde gezüchtet werden oder auch besonders aggressive – einfach indem man Elterntiere auswählt, die sich durch diese Charaktermerkmale auszeichnen. Dies erhöht, neben einer optimalen Aufzucht, die Wahrscheinlichkeit, dass ein bestimmtes Merkmal bei den Fohlen häufiger zu finden ist. Bekannt ist beispielsweise die überdurchschnittliche Reaktivität von Vollblütern, die für den Rennsport gezüchtet werden. Sicher ist deswegen nicht jedes Vollblut nervös; dennoch ist die ausgeprägte Nervosität eine häufige Begleiterscheinung, die in Kauf genommen wurde, um besonders temperamentvolle Tiere zu erhalten. Kommen hier negative Lernerfahrungen, zum Beispiel durch eine ständige Überforderung im Trainingsalltag, verstärkend hinzu, kann ein genetisch vorhandenes Verhaltensmuster noch stärker ausgeprägt werden. Genauso kann es aber auch durch gezielte Übungen, wie etwa durch geschicktes Anti-Schrecktraining, abgemildert werden. Gene und Erfahrung geben immer in einem wechselseitigen Zusammenspiel (in der englischen Fachsprache als „nature via nurture" bezeichnet) den Weg vor, den ein Pferd im Leben beschreitet.

In vielen Rassebeschreibungen findet man Verweise auf eine angeblich besonders hohe Intelligenz oder eine ausgeprägte Lernfreude. Doch sind diese Rassemerkmale bezüglich der kognitiven Leistungsfähigkeit wirklich ein Abbild der Realität? Ganz allgemein muss man wissen, dass sich das Pferdegehirn von der ursprünglichen Wildform zu unseren heutigen Pferderassen immer weiter zurückentwickelt hat und deutlich kleiner geworden ist. Das Hauspferd ist nicht mehr so stark wie seine wilden Vorfahren darauf angewiesen, seine scharfen Sinne und die dazu gehörenden Hirnregionen zu nutzen. Seine vormals überlebenswichtige Sensitivität als Schutz gegen eine feindliche Umwelt verkümmerte daher.

Die Pferdezucht brachte in den letzten Jahrhunderten ganz unterschiedliche Pferdetypen hervor. Häufig durch den Wunsch, ein optisch außergewöhnliches und zugleich in einer bestimmten Disziplin leistungsfähiges Tier zu erhalten, wurden Pferde miteinander verpaart, die den vielfältigen Ansprüchen der Züchter entsprachen. Dabei wurden wissentlich oder unwissentlich auch weitere Wesensmerkmale mitgezüchtet. So kam es, dass der heutige Friese im Wesen deutlich ausgeglichener als der typische Vollblutaraber erscheint. In einigen Studien wurde in den letzten Jahren nun auch die geistige Leistungsfähigkeit unterschiedlicher Pferderassen miteinander verglichen. An der Spitze der Hitparade der intelligenten Pferderassen standen demnach Rassen, die noch mehr der Wildform ähnelten, wie etwa die spanischen Sorraias oder die englischen Exmoorponys, lebhafte Rassen wie Araber oder Achal Tekkiner vor mittelmäßig lebhaften Rassen wie Trakehner, Knabstrupper oder Lipizzaner und diese wiederum vor den eher ruhigen Rassen wie Schwarzwälder Kaltblut und Shire Horse.

Problematisch bei der Bewertung solcher Studien ist allerdings, dass berücksichtigt werden muss, dass lebhafte Tiere hier vom Versuchsaufbau her deutlich bevorzugt wurden. Oft sollten die Pferde aktiv eine bestimmte Handlung innerhalb eines vorgegebenen Zeitrahmens bewältigen. Ruhigere Vertreter brauchen oft eine gewisse Zeit, sich auf eine neue Situation einzustellen, und sind in der kurzen Testzeit nicht in der Lage, sich so weit zu entspannen oder sich geistig darauf einzustellen, dass sie ihr vollständiges geistiges Potenzial zeigen können. Auch wurde wenig Wert auf die Genauigkeit der Ausführungen gelegt, wobei viele eher gemütliche Pferdetypen deutlich besser abschneiden, wenn sie denn einmal begriffen haben, worum es in der gestellten Aufgabe eigentlich geht. Die unterschiedlichen kognitiven Aspekte der Intelligenz wurden in diesen Studien zu wenig berücksichtigt. Sicher gibt es Pferde, die rasend schnell Lösungen für abstrakte Probleme finden können; andere sind dagegen Meister darin, sich zu konzentrieren und konstant an einer Aufgabenstellung bis zur Perfektion zu feilen. Alles in allem sind solche Rassenvergleiche mit Vorsicht zu genießen. Es gibt in jeder Rasse auffällig clevere Tiere und Charaktere, die eher unspektakulär ihre Lösungsstrategien präsentieren. Jedes Pferd ist eben ein Individuum mit seiner ganz eigenen Art der Intelligenz.

Wenn also ein Tinker besonders leicht das Stillstehen am Anbindebalken lernt, könnte das bedeuten, dass es seinem Naturell sehr gut entspricht, geduldig zu sein; eine Eigenschaft, die in der Zuchtgeschichte dieser Rasse vornehmlich selektiert wurde. Hat ein Traber Schwierigkeiten, auf Anhieb den Sinn eines Fressständers zu begreifen, so liegt es

Lebhafte Pferde schneiden bei klassischen Intelligenztests oft sehr gut ab.
(Foto: Shutterstock.de/Tamara Didenko)

hauptsächlich an seiner Neigung, sich als Steppentier in geschlossenen, engen Räumen unsicher zu fühlen, und eher weniger an einer gering ausgeprägten Fähigkeit, sich an Neues im Alltag zu gewöhnen. In diesem Fall mangelt es also nicht an den kognitiven Möglichkeiten, sondern die Persönlichkeitsmerkmale beeinträchtigen die Ausgangssituation für ein konzentriertes Lernen.

Wollte man einen aussagekräftigen Persönlichkeitstest für unterschiedliche Pferderassen entwickeln, so müsste man von jeder Pferderasse eine große Anzahl von Tieren auswählen und diese nach festgelegten Kriterien einem Test unterziehen. Für jede vorherrschende Verhaltensweise würde jedes Pferd je nach Intensität des gezeigten Verhaltens unterschiedliche Punkte erhalten. Man könnte also etwa ermitteln, wie neugierig, aggressiv oder auch reaktiv ein Pferd in der gewählten Testsituation wäre. Ist ein Pferd wenig ängstlich und zurückhaltend, so wird es naturgemäß einem Intelligenztest wesentlich entspannter begegnen und dadurch weniger Fehler machen als ein schüchternes oder introvertiertes Exemplar. Ein selbstsicheres Pferd ist also nicht unbedingt intelligenter, es erscheint nur innerhalb unseres menschlichen Anforderungsprofils

Im *Zickzackkurs* durchs Pferdegehirn

leistungsfähiger, da wir mit der Form des Versuchsaufbaus immer unbewusst Einfluss auf die Ergebnisse erhalten, die wir dann an den Probanden beobachten können.

Ein weiter
GEISTIGER HORIZONT

Wir verstehen sowohl beim Pferd als auch beim Menschen unter Intelligenz ein Gesamtbild von Erkenntnisvermögen, Verknüpfung von Zusammenhängen und Finden optimaler Problemlösungen. Um herauszufinden, wie gut ausgebildet die kognitiven Fähigkeiten eines Pferdes sind, beschäftigen sich die Pferdeforscher mit unterschiedlichen Komponenten, die in ihrer Gesamtheit einen Einblick in die Struktur des Lernvermögens eines Tieres ermöglichen. Ein positiver Indikator für die Intelligenzleistung eines Pferdes besteht darin, dass es sehr gut neue Sachverhalte lernt, es also ihm unbekannte Situationen schnell einschätzen kann und hier mit einer angemessenen Verhaltensweise, wie zum Beispiel mit Neugier oder auch Flucht, reagiert. Man beobachtet in diesem Bereich die vorliegende Beurteilungsgeschwindigkeit, wobei die blitzschnell getroffenen Entscheidungen im Pferdegehirn stattfinden, während wir von außen als Konsequenz vielleicht nur ein Erstarren wahrnehmen.

Findet ein Pferd bei einer Aufgabe nicht nur eine einzige Lösung, sondern sehr viele verschiedene Lösungsansätze, agiert es also sehr einfallsreich, dann ist das ein Zeichen für seine Experimentierfreude. Der Einfallsreichtum kann als Hinweis auf eine hohe geistige Flexibilität herangezogen und durch Kreativitätsübungen weiter gefördert werden. Können

Pferde auch ohne weitere Übung und Wiederholungen ein einmal erlerntes Verhalten auch noch Monate oder Jahre später besonders erfolgreich abrufen, so begründet sich ihre mentale Stärke darin, Lerninhalte sehr stabil abzuspeichern und auf diese jederzeit zurückgreifen zu können.

Kennzeichnend für ein hohes Maß an geistiger Fitness beim Pferd ist auch eine große Verarbeitungskapazität. Damit ist gemeint, dass ein Pferd auch unter Ablenkung und verwirrenden Reizen eine Aufgabe bewältigen kann. Hier zeichnen sich einige Individuen durch ihre erstaunlichen Multitasking-Fähigkeiten aus, denn ihr Gehirn verarbeitet nicht nur die gestellte Aufgabe, sondern gleichzeitig die Vielzahl an Eindrücken und Ablenkungen, die ebenfalls in ihrem Kopf herumschwirren. Es kann somit sehr zielgerichtet und handlungsorientiert agieren und sich sehr gut konzentrieren.

Auch die Aspekte der Selbstständigkeit und der sozialen Kooperation sind oft unterschätzte Facetten der Pferdeintelligenz. Manche Individuen, vor allem Vertreter eher ursprünglicher Pferderassen, sind etwa sehr geschickt darin, Probleme auf sich allein gestellt unabhängig vom Menschen zu lösen, während andere Pferde geradezu überdurchschnittlich begabt darin sind, mit dem Menschen zu kooperieren und mit ihm gemeinsam Lösungen zu erarbeiten.

BEWEGUNG
macht schlau

Bewegung macht das Pferd insofern schlauer, als dass sie die Leistungsfähigkeit des Gehirns vergrößert. Während jeder körperlichen Betä-

Das freie Spiel mit einem Artgenossen bringt Bewegung ins Pferdeleben und fördert die Intelligenz auf vielfältige Weise. (Foto: Shutterstock.de/mariait)

tigung zirkuliert das Blut des Pferdes vermehrt, da das Herz kräftiger pumpt und dadurch mehr Sauerstoff und die für den Energiehaushalt des Hirnstoffwechsels so wichtige Glukose ins Gehirn trägt. Mit jedem Herzschlag und jedem tiefen Atemzug des Pferdes werden also nicht nur die Muskeln, sondern auch das Gehirn gestärkt. Dabei wird im Gehirn eine spezielle Eiweißverbindung gebildet, der sogenannte Wachstumsfaktor BDNF (brain-derived neurotrophic factor). Er ist dafür verantwortlich, dass sich das Gedächtnis des Pferdes verbessert, indem er die Vernetzung der Nervenzellen im Gehirn stärkt und so eine effektivere Nutzung der Erinnerungen ermöglicht. Auch weitere Verknüpfungen werden gebildet, indem neue Nervenzellen entstehen und in das Netz der Gedanken mit einbezogen

werden. Je intensiver also die Bewegungsanreize sind und je vielfältiger die Bewegungen ausgeführt werden, umso nachhaltiger wird die Funktion der Muskulatur und des Gehirns beeinflusst. Eine vielseitige Bewegung des Pferdes in einem abwechslungsreichen Lebensraum und mit unterschiedlichen Bewegungsmustern im Training hält ein Pferd nicht nur körperlich, sondern auch geistig bis ins hohe Alter fit. Zudem belegen Studien, dass sowohl der Muskelaufbau wie auch die Lernfähigkeit des Gehirns von einer positiven Trainingsatmosphäre enorm profitieren. Wenn also Pferd und Mensch beim gemeinsamen Training Freude empfinden und Spaß an dieser Tätigkeit haben, können sie ihr geistiges und körperliches Potenzial erst wirklich entfalten.

KEIN PFERD IST EINE *Insel*

Soziale Intelligenz

Mindestens ebenso wichtig wie die bisher vorgestellten Aspekte des pferdischen Denkens und Verstehens ist auch ihre beeindruckende soziale Intelligenz. Pferde sind die feinfühligsten Wesen, die man sich nur vorstellen kann. Die Fähigkeiten, ihre eigenen Gefühle und Bedürfnisse mitzuteilen, sich im Gruppenleben einzubringen und damit die Geschicke der gesamten Herde gewinnbringend zu beeinflussen, stützt sich auf ihr ausgeprägtes Kommunikationsgeschick und ihr feines Gespür für die Veränderung von Stimmungen und Gefühlsregungen anderer. Sie sind in der Lage, situationsgerecht zu handeln, andere Lebewesen zu verstehen und sie leben die Werte der Freundschaft, Zusammengehörigkeit, Harmonie und Partnerschaft. Sicher gibt es einzelne Tiere, die von Natur aus eher Einzelgänger und sozial wenig begabt sind. Generell liegen die großen Talente der Pferde aber in ihrem Teamgeist, der Empathie, dem Vertrauen und in ihrem bedingungslosen Engagement für die Mitglieder ihrer Herde.

DIE PFERDEHERDE
unter sich

Eine Pferdeherde kann nur dann funktionieren, wenn alle Tiere miteinander kooperieren und sich ihrer Positionen und Aufgabenfelder sicher sind. Erst dann kann aus dem Wissen und Vermögen jedes einzelnen Tieres ein Zugewinn für die gesamte Gruppe entstehen, von dem wiederum jedes einzelne Mitglied profitiert. Es reicht dabei nicht, ein Herdenmitglied einfach nur zu erkennen; es muss vielmehr genau in seinen Charaktereigenschaften, Stärken und Schwächen und typischen Verhaltensweisen eingeschätzt werden können.

Nur so kann ein Pferd eine Situation bewerten und eine Entscheidung treffen, welche Handlung in Bezug auf ein anderes Individuum in welchem Ausmaß sinnvoll ist.

Nehmen wir einmal an, eine sensible Traberstute steht in einer Gruppe zusammen mit einem eher gemütlichen Shettywallach und einem sehr unsicheren Vollblutaraberwallach. Während es dem Araber gegenüber vermutlich ausreicht, wenn die Stute ihr Missfallen durch ein angedeutetes Verziehen der Nüsternpartie anzeigt, wird sie dem Shetty gegenüber sehr viel deutlicher werden müssen und ihn mit Körpereinsatz und ausgeprägtem Drohverhalten auf seinen Platz verweisen. Würde ein Pferd also unterschiedslos in immer der gleichen Art und Weise agieren, so würde die Kommunikation zwischen den einzelnen Herdenmitgliedern nicht differenziert genug ausfallen.

Ähnlich ist es in Bezug auf die Feindabwehr wichtig, dass die Herdenmitglieder sich untereinander bestmöglich koordinieren und die mentalen Stärken, aber auch Schwächen jedes einzelnen Pferdes richtig einschätzen. In der Regel gibt es in jeder Gruppe besonders furchtlose, neugierige Tiere, die von den Wissenschaftlern als Späher oder Scouts bezeichnet werden und die mögliche Gefahren mutig erkunden. Andere agieren erst im akuten Ernstfall und verteidigen nur sich selbst und ihre Familienmitglieder. Wieder andere Exemplare dienen der Gruppe gewissermaßen als Ruhepol, indem sie Frieden zwischen den einzelnen Tieren stiften und sich für die Harmonie innerhalb der Gruppe einsetzen.

Nicht zu unterschätzen ist auch die Fähigkeit der Pferde zur Knüpfung von Kooperationen. Die meisten Pferde haben einen ganz speziellen Partner, mit dem sie eine enge

Die einzelnen Herdenmitglieder kennen sich sehr genau und wissen um die vielfältigen Verflechtungen der Individuen untereinander. (Foto: Shutterstock.de/Piotr Zajc)

Freundschaftsbeziehung eingehen und mit dem sie sehr häufig in direkter räumlicher Nähe ihre Zeit verbringen. Beide Partner erhalten von ihrem innig verbundenen Gegenüber sehr viel Aufmerksamkeit und profitieren besonders von dessen Fähigkeiten und Privilegien. Ist beispielsweise eine eher schüchterne und unsichere Stute mit einer anderen, sehr erfahrenen und aufgrund ihrer Fähigkeiten sehr beliebten Stute eng befreundet, so wird Erstere immer, wenn sie in direktem Kontakt mit der zweiten steht, von den übrigen Herdenmitgliedern bevorzugter behandelt, als wenn sie sich allein in der Herde bewegt. Die anderen Herdenmitglieder wissen also nicht nur um die Wesensmerkmale des einzelnen Tieres, sie beziehen in ihre Handlungen auch die Kooperationen und Freundschaften untereinander mit ein. Ein Pferd wird sich also hüten, ein eigentlich niedriger gestelltes anderes Pferd zu maßregeln, wenn dessen höhergestellter bester Freund dabei ist.

Komplexe
HERDENKONSTELLATIONEN

Das klingt doch wenig nach „strikter Rangordnung" oder „unabdingbarer Hierarchie", sondern vielmehr nach komplexen sozialen Strukturen, die unseren eigenen menschlichen Beziehungsstrukturen nicht unähnlich sind und analoge kognitive Fähigkeiten voraussetzen. Der soziale Status innerhalb einer Gruppe ist eben nicht eine durch einen Kampf festgelegte Rangposition, sondern ein Beziehungsgeflecht, das sich durch die Fähigkeit zur Kooperation, den Respekt vor den Fähigkeiten anderer und die momentane Gemütslage einzelner Tiere auszeichnet. Wahrscheinlich können Pferde nicht von langer Hand Intrigen oder Fehden planen, sie können aber ganz sicher durch die Wahl ihrer Kooperationspartner für sich selbst die beste Position generieren, die sie aus eigenem Antrieb heraus nicht erreichen würden. So kann es vorkommen, dass selbst Haremshengste ihre Stuten mit einem zweiten Hengst als Kooperationspartner teilen; sie kümmern sich dann gemeinsam um das Wohl der Gruppe und den Zusammenhalt der Stutengemeinschaft. Häufig findet man in solchen Hengstkonstellationen auch verwandte oder miteinander aufgewachsene Tiere. Wie wir Menschen unserer Familie und den engsten Vertrauten gegenüber tendenziell loyaler und positiver eingestellt sind, so entscheiden sich auch Pferde im Zweifelsfall meist für das eng verwandte oder vertraute Tier.

Wie facettenreich Pferde in der Ausformung ihrer sozialen Strukturen sind, zeigt ein Blick auf die vielen aktuellen Studien zu Rangordnungen und Herdenverhalten. In unterschiedlichen Regionen der Welt und bei der Beobachtung vieler verschiedener Herden kann eigentlich zusammenfassend nur festgestellt werden, dass es keine allgemeingültigen Regeln gibt. Es sind nicht immer Hengste, die eine Gruppe verteidigen, oder Stuten, die die Wanderbewegungen der Herde initiieren. Manche Gruppen leben in eher lockeren, sehr großen Verbänden, andere in Kleinstgruppen von zwei bis fünf Pferden. Viel wichtiger als die Zugehörigkeit zur Tierart Pferd scheinen in Bezug auf das Zusammenleben das gegenseitige Kennen und Verstehen und die damit verbundenen kognitiven Fähigkeiten zu sein.

Pferde entscheiden je nach Rasse, Lebensraum, Gruppenkonstellation, Nahrungsangebot und vielen weiteren Faktoren, wie sie sich verhalten. Jeder, der sein Pferd schon einmal in eine neue Gruppe bringen musste, wird bestätigen können, dass das Pferd hier Verhaltensdetails zeigt, die vorher gar nicht zur Geltung kamen. Wie beim Menschen auch, zeigt sich ein Teil der Persönlichkeit erst im Kontakt zu anderen Artgenossen. Wir schlüpfen ebenfalls tagtäglich in unterschiedliche Rollen, denn unser Auftreten und unser Selbstbewusstsein variieren abhängig vom situativen Kontext – ob wir nun mit unserem Chef unter vier Augen sprechen, mit unserer Clique durch die Stadt bummeln oder als Hobbytrainer Grundschulkinder betreuen. Pferde schätzen also den Status eines anderen Pferdes auch immer im Verhältnis zu sich selbst ein, was eine große kognitive Leistung darstellt. Denn dies setzt eine Vorstellung von der eigenen Persönlichkeit ebenso voraus wie davon, wie andere das eigene Auftreten bewerten. Es gibt in der Pferdeherde eben keine für alle Ewigkeiten fixierten Positionen, sondern es handelt sich um eine komplexe wandlungsfähige Gemeinschaft, ein kooperatives Netzwerk.

Großen Einfluss auf die unterschiedlichen Positionen innerhalb der Gruppe haben auch die verschiedenen Strategien der einzelnen Pferde, mit äußeren Einflüssen, dem eigenen Stress und mit Angst umzugehen. Früher wurde pauschal angenommen, dass Pferde schlicht Fluchttiere seien, die auf jegliche Form des inneren Konflikts mit Flucht reagieren. Inzwischen ist deutlich geworden, dass jedes Pferd unterschiedliche Reaktionsmöglichkeiten besitzt, die in der Wissenschaft als die vier F's, die vier möglichen Handlungsstrategien, bezeichnet werden, da die vier Möglichkeiten im Englischen mit den Begriffen flight wie fliehen, fight wie kämpfen, freeze wie erstarren und flirt wie kommunizieren bezeichnet werden. Jedes Pferd kann also in jeder konfliktträchtigen Situation entscheiden, diesem Konflikt aus dem Wege zu gehen, indem es sich entzieht „flight", in die Konfrontation zu gehen „fight", die Sache zu ignorieren „freeze" oder zu versuchen, die Situation über Kooperation zu entschärfen „flirt". Theoretisch steht jedem Pferd ständig jede dieser Handlungsformen zur Verfügung. Die Lebenserfahrung und vorhergehende Lernerlebnisse allerdings veranlassen Pferde dazu, bestimmte Verhaltensstrategien in die eine oder andere Richtung zu bevorzugen. Wir Menschen benutzen ebenfalls diese Handlungsstrategien. Auch wenn wir im Allgemeinen eine Grundmentalität pflegen, so ertappen wir uns doch, wie wir uns lautstark über bestimmte Verkehrsteilnehmer beschweren oder plötzlich ganz unterwürfig mit einem Verkehrspolizisten flirten, damit der nicht noch unseren Verbandskasten zu sehen verlangt. Bei Pferden bestimmt auch die Rassezugehörigkeit ein Stück weit eine Tendenz zu der einen oder anderen Handlungsoption.

Das Individuum versucht, über die emotional angemessene Auswahl einer Verhaltensvariante für sich eine Optimierung des inneren Zustands herzustellen.

Das BEZIEHUNGSGEFLECHT

Auch Pferde haben das Bedürfnis nach partnerschaftlicher Nähe und sozialer Anerkennung. Sie sind ausgesprochene Familientiere beziehungsweise schätzen den Kontakt zu vertrauten Artgenossen und streben nach innigen Freundschaften. Pferde werden sich also, wenn sie von ihrem Lieblingspartner getrennt werden, einem anderen Pferd zuwenden und versuchen, eine neue Beziehung aufzubauen. Es kann aber auch durchaus passieren, dass dieser neue Partner sofort abgeschrieben wird, sobald der verloren geglaubte alte Partner erneut die Bildfläche betritt. Vermenschlicht könnte man sagen, dass es durchaus Vernunftehen beim Pferd gibt, diese aber für die wahre Liebe jederzeit aufgegeben werden.

Gerade die engsten Vertrauten, ob Mensch oder Artgenosse, werden von einem Pferd auch noch Jahrzehnte nach dem letzten Kontakt wiedererkannt und es wird oft nahtlos an die damalige Beziehung angeknüpft. Damit das Pferd seine emotionale Bindungsfähigkeit entwickeln kann, sollte es möglichst naturnah aufwachsen dürfen und Kontakt zu Artgenossen aus allen Altersgruppen in einer harmonischen Herde haben. Studien haben außerdem gezeigt, dass gerade das Verhalten von Absetzern immer noch stark von den erwachsenen Tieren, wie den älteren Geschwistern, den Tanten und dem Vater, geprägt wird. Es scheint daher nach den bisherigen

Die vier Handlungsmöglichkeiten des Pferdes in Bezug auf die Einwirkung des Menschen mit einem schwingenden Seil sind: Die Flucht weg vom Menschen (unten rechts), das Erstarren (unten links), das Wehren gegen den Menschen (oben links) oder der Versuch, den Menschen zu beschwichtigen (oben rechts).

Erkenntnissen ungünstige Auswirkungen zu haben, Jungpferde in Gruppen aufzuziehen, die ausschließlich aus Altersgenossen bestehen, da hier die wichtige Vorbildfunktion für die komplexen Verhaltensweisen fehlt, die erst durch die Interaktion zwischen den verschiedenen Generationen erlernt werden können. Speziell das Aggressionsverhalten von Jungtieren orientiert sich Studien zufolge stark an der Anwesenheit erfahrener, erwachsener Tiere, denn diese leben die unterschiedlichen Handlungsoptionen in Konfliktsitutionen vor oder wirken moderierend bei Spannungen in der Gruppe.

Die alltägliche Praxis sieht in vielen Gestüten und bei Aufzüchtern meist jedoch ganz anders aus. Die Jungpferde bleiben unter sich, während die Älteren entweder zum Reitpferd ausgebildet werden oder die Mutterstuten auf die nächste Fohlensaison warten. Die

Kein Pferd ist eine *Insel*

Eng befreundete Tiere spiegeln sich häufig in ihrem perfekt aufeinander abgestimmten Verhalten. (Foto: Shutterstock.de/Makarova Viktoria)

wichtigsten Monate sind sicher immer die ersten Lebensmonate. In diesen sollte das neugeborene Fohlen nicht allein mit seiner Mutter bleiben, sondern wie in den meisten Betrieben üblich unter G leichaltrigen, den als „Tanten" fungierenden Müttern der anderen Fohlen und möglichst auch weiteren unterschiedlichen älteren Pferden aufwachsen. So gerüstet ist es auch möglich, einige Monate nur mit Gleichaltrigen im Winterquartier zu verbringen, um dann die nächste Weidesaison wieder Kontakt zu älteren, erfahreneren Tieren zu haben. Optimal wäre es, den jugendlichen Pferden immer einige besonnene, routinierte Tiere als Bezugspunkte zur Verfügung zu stellen.

Feine ANTENNEN

Besonders faszinierend ist das Phänomen der Stimmungsübertragung. Beginnt zum Beispiel ein Pferd mit dem Wälzen, so wird schon bald ein weiteres oder sogar die gesamte Gruppe dem Vorbild folgen und sich genüsslich im Staub rollen. Ähnlich funktioniert bei uns Menschen etwa die Übertragung der Müdigkeitsempfindung. Gähnt ein Mensch ausgiebig, so fällt es uns schwer, dem eigenen Drang zu gähnen zu widerstehen.

Der Sinn dieses synchronisierten Verhaltens liegt zum einen darin, dass gemeinsame Aktivitäten den Gruppenzusammenhalt stärken.

Zum anderen wird so den Artgenossen signalisiert, dass jetzt der richtige Zeitpunkt für Ruhe und Entspannung ist. Pferde reagieren nicht nur auf solche großen Gesten und deutlichen Verhaltensweisen, sie spüren die ersten Anzeichen einer veränderten Stimmung schon sehr viel früher. Unbewusst kommuniziert jedes Lebewesen seinen momentanen emotionalen Zustand, und unsere Pferde können diese feinen Signale meisterhaft lesen – und zwar nicht nur bei anderen Pferden, sondern auch bei Lebewesen anderer Spezies. Ob wir bei Stress leicht schwitzen oder sich unsere Körperhaltung verkrampft – jede noch so minimale Veränderung wird von ihnen wahrgenommen und beeinflusst wiederum ihre Reaktionen.

Forscher haben in den letzten Jahren viele eindrucksvolle Hinweise auf die Mechanismen der Stimmungsübertragung gefunden. Pferde hören nämlich nicht nur, wenn sich die Atmung eines gestressten Menschen verändert, er etwa flacher oder gepresster atmet, sie registrieren tatsächlich auch über den sogenannten Schalldruckspiegel den vom menschlichen Brustkorb minimal veränderten Luftdruck oder den sich bei Stress verändernden Herzschlag des Menschen. Pocht dem Reiter also bei einem schwierigen Geländeritt buchstäblich das Herz bis zum Hals, wird das seinem Pferd nicht verborgen bleiben.

Pferde sind sehr aufmerksame Beobachter ihrer Umwelt, und auch wir Menschen werden, meist für uns unmerklich, von ihnen observiert. Richten sie ihre Aufmerksamkeit verstärkt auf uns Menschen, so bemerken wir, dass sie sich an unseren unterschiedlichen Körperhaltungen und Positionen orientieren. Es ist für die Wahrnehmung der Pferde enorm wichtig, wer sich ihm zuwendet, es erkennt, wer seinen

Pferde spüren schon die ersten Anzeichen einer veränderten Stimmung – auch wenn sie gerade beschäftigt sind, horchen sie auf die Gefühle ihres Gegenübers.
(Foto: Shutterstock.de/Alexia Khruscheva)

Blick wohin wendet und ob ein Mensch seinen Körper in Richtung des Pferdes bewegt oder von ihm weg.

Studien haben sich mit der unterschiedlichen Positionierung verschiedener Personen gegenüber einem Pferd beschäftigt. Die Testpersonen sollten ein gedachtes Dreieck um das Pferd herum bilden und sich nacheinander in unterschiedlicher Art und Weise

Kein Pferd ist eine *Insel*

Das Pferd lauscht empfindsam auf jede kleinste Veränderung des Herzschlags seines Reiters.

verhalten. Mal sollte eine Person dem Pferd den Rücken zuwenden, ein anderes Mal den Blick senken oder dem Pferd zuzwinkern. Die Beobachtungen aus dieser Versuchsreihe, in welchem Umfang Pferde sich sogar in die Wahrnehmung einer anderen Tierart, also auch in uns Menschen, hineinversetzen können, verblüffen. Es macht nämlich für sie einen großen Unterschied, ob der Mensch sich mit seiner Körperhaltung ihnen zuwendet oder ob er sich wegdreht und damit offensichtlich die Reaktion des Pferdes gar nicht wahrnehmen kann. Ebenso beweisen sie ihre soziale Kompetenz, indem sie eindeutig registrieren, wenn der Mensch bei diesem Versuch seinen Blick leicht an dem Pferd vorbei ausrichtet, also der Fokus der menschlichen Wahrnehmung nicht ihnen selbst gilt. Auch reagierten

Pferde nehmen sehr feinfühlig wahr, ob Menschen sich ihnen zuwenden oder ob sie sich wegdrehen und keinen Kontakt wünschen.

die untersuchten Pferde mit einer positiven Rückmeldung, indem sie den Kopf zum Menschen neigten oder gar auf ihn zugingen, wenn der Mensch aktiv die Kommunikation mit ihnen suchte und sie beispielsweise anblinzelte. Auch nicht speziell trainierte Pferde zeigten bei diesen Beobachtungen eine Vorliebe und vermehrtes Interesse an Personen, die aktiv mit ihnen in Kontakt traten. Sie agierten damit ähnlich wie menschliche Neugeborene, die ebenfalls von Geburt an ein Gefühl dafür haben, wer mit ihnen auch nur körpersprachlich oder über den Blick in Kontakt treten möchte.

Interessant ist auch das Ergebnis einer neueren französischen Studie, der zufolge Pferde sogar weit besser als bisher angenommen in der Lage sind, sich gesprochene Wörter zu

Kein Pferd ist eine *Insel*

merken. Diese Wörter erinnern sie besonders dann gut, wenn sie von einer vertrauten, befreundeten Person gesprochen werden. Die Ergebnisse entsprechen den bereits erwähnten Beobachtungen, dass sowohl Pferde als auch Menschen sich an vertrauten Personen, also ihrer peergroup orientieren und Verhaltensweisen oder Lerninhalte vornehmlich von diesen übernehmen.

SOZIALE LEBEWESEN
auf Augenhöhe

Wie ähnlich uns die Pferde sind, zeigt sich nicht nur in den bis jetzt aufgeführten Beispielen, sondern auch in ihrem Umgang mit äußeren Stressoren und seelischen Mangelsituationen. Pferde können unter Depressionen leiden, und so unschön diese Krankheit für die betroffenen Tiere ist, so zeigt sie doch, wie sehr der Pferdeverstand dem Unseren ähnelt. Französische Wissenschaftler fanden an vielen unterschiedlichen Reitschulpferden die typischen Symptome, die man beim Menschen dem Krankheitsbild der Depression zuordnet. Die untersuchten Pferde zeigten ein auffällig vermindertes Interesse an der Außenwelt, introvertiertes Agieren und gedämpfte Reaktionen auf Ansprache. Genau wie beim Menschen werden Depressionen neben genetischen Komponenten durch wenig stimulierende Lebensbedingungen, Einschränkungen in ihrer Handlungsfreiheit, empfundenen Druck beziehungsweise Stress und chronische Schmerzen verursacht. Alarmierend ist die Tatsache, dass von den zufällig ausgewählten Tieren etwa ein Viertel in die Kategorie der Depression fiel. Depressionen kommen somit beim Pferd offensichtlich sehr häufig vor; sie

fallen den meisten Menschen gar nicht auf, sodass diese Pferde stumm weiter leiden müssen und in ihrem emotionalen Empfinden ebenso eingeschränkt bleiben wie in ihrem Glück.

Anhand der Blindenponys haben wir ganz zu Beginn des Buches schon gesehen, wie eng ein Pferd mit dem Menschen kooperieren kann und wie es mithilfe pferdegerechter Umgangsformen eine fruchtbare Kommunikation pflegen kann. Pferde begleiten den Menschen schon seit so vielen Generationen, dass sich beide Spezies an das fremdartige Gegenüber im Laufe der Zeit immer mehr angenähert haben. So sind Pferde aufgrund ihrer scharfen Beobachtungsgabe und ihrer angeborenen Fähigkeit, kleinste Veränderungen in der Körpersprache anderer Lebewesen zu identifizieren, dazu prädestiniert, die schon erwähnten körpersprachlichen Signale, die Nuancen unseres Blicks oder auch ein Handzeichen korrekt zu interpretieren. Sie schneiden, zusammen mit anderen Haustieren wie Hund oder Ziege, im Vergleich deutlich besser ab als Delfine oder Affen, die doch als so intelligent gelten, die jedoch menschliche Gesten nur dann interpretieren können, wenn sie speziell dazu ausgebildet wurden.

Pferde haben diese Gabe von der Natur mitbekommen und sie können unsere Gesten und Absichten oftmals schon deuten, bevor wir uns unserer Handlung eigentlich selbst bewusst geworden sind. Teilweise lernen Pferde bestimmte Eigenschaften des Menschen schon vor der Geburt kennen. Das ungeborene Fohlen im Mutterleib hört die Stimme des Menschen, spürt seine Berührungen beim Bürsten der Mutter oder beim Streicheln des Bauches. Es reagiert auch auf die Empfindungen der Mutter in Bezug auf den Menschen und erfährt

Pferde registrieren die Empfindungen und Berührungen schon vor der Geburt. Wer eine tragende Stute sanft streichelt und sich ihr freundlich zuwendet, der wird auch ihr Fohlen erreichen, das auf diesem Wege erste positive Lernerfahrungen in Bezug auf den Menschen sammeln kann.

ihn so schon als angenehmen Begleiter des eigenen Lebensumfelds. Hinsichtlich ihrer Auffassungsgabe und ihres Vermögens, menschliche Verhaltensweisen wahrzunehmen und zu interpretieren, sind sie uns oftmals überlegen. Vielleicht liegt das an der Tatsache, dass wir Menschen sie bis zum heutigen Tag unterschätzen. Wir verlangen von ihnen paradoxerweise einerseits eine hohe geistige Flexibilität, uns zu verstehen, und sind andererseits meist nur wenig bereit, uns in ihre Welt hineinzuversetzen. Womöglich treffen wir uns auf der Mitte des Weges, wenn wir das Entgegenkommen der Pferde mit ein bisschen mehr Verständnis und Einfühlungsvermögen beantworten.

DEM PFERDEVERSTAND

auf die Schliche

KOMMEN

Jedes Pferd ist anders

Im Folgenden möchte ich ein paar Anregungen geben, wie wir unseren Pferden quasi beim Denken zusehen können und welche Stärken oder auch Schwächen ihre Persönlichkeit ausmachen. Wir können viel über ihren Charakter und ihre Vorlieben lernen, wenn wir sie in ungewöhnlichen Situationen beobachten und einmal aus unseren alltäglichen Beschäftigungsroutinen ausbrechen. Lassen Sie uns einfach den Verhaltensforscher spielen, indem wir Verhaltensweisen bei unserem Pferd ein wenig analysieren und sogar über einen längeren Zeitraum dokumentieren. Die vorgestellten Beobachtungsszenarien und kleinen Versuchsaufbauten geben uns die Möglichkeit, unser Pferd einmal aus einem anderen Blickwinkel zu sehen und vielleicht sogar ganz neue Seiten an ihm entdecken zu können.

Dieser „Forschungsauftrag" beinhaltet scheinbar ganz unspektakuläre Situationen oder Versuchsaufbauten, aber wirklich interessant und manchmal sogar verblüffend wird es, wenn wir unsere Beobachtung im Lichte der pferdischen Intelligenz für uns bewerten. Wie setzen unsere Pferde ihre kognitiven Fähigkeiten ein und welche Lösungsstrategien wenden sie gewinnbringend an? Diese überschaubare Auswahl an kreativen Beschäftigungsmöglichkeiten darf man nur als Inspirationsquelle für weitere „Experimente" verstehen, und womöglich entdecken wir sogar zusammen mit unserem Pferd neue aufregende Betätigungsfelder für unseren gemeinsamen Alltag mit diesen fantastischen Geschöpfen.

WO GEHT es hin?

Ein klassischer Test, der die Fähigkeit des Pferdes zur Objektpermanenz beleuchtet, ist das Verstecken von Leckereien unter einem undurchsichtigen Eimer. Ein kluges Pferd weiß, dass ein nicht mehr sichtbares Objekt nicht einfach ins Nirwana verschwunden ist, sondern weiterhin existiert, und dass der Aufenthaltsort vermutlich in der Nähe der Stelle sein wird, wo der Gegenstand zum letzten Mal gesichtet wurde. Um das Pferd zum Suchen zu ermuntern, wird vor den Augen des Pferdes ein Apfel unter einem umgestülpten Eimer platziert und darauf gewartet, was das Pferd unternimmt, um an den begehrten Snack zu gelangen. Je nach individueller Ausprägung dieser Fähigkeit wird das Pferd ganz unterschiedlich reagieren.

Was kann man beobachten?

Die meisten Pferde lösen diese Aufgabe spielend. Sie stupsen den Eimer kräftig mit der Nase um oder treten ihn leicht mit dem Huf zur Seite, um direkt den darunterliegenden Apfel zu verspeisen. Damit beweisen diese Pferde zum einen ihre ausgeprägte Fähigkeit zur Objektpermanenz, die Menschenbabys erst in ihren ersten beiden Lebensjahren in vollem Umfang erlangen. Zum anderen zeigen sie ihre Fähigkeit, ein Ziel auf dem einfachsten Wege zu erreichen.

Schafft es ein Pferd nicht, den Apfel zu entdecken, so muss das nicht unbedingt bedeuten, dass diesem Tier nicht klar ist, wo der Apfel versteckt ist. Möglich wäre auch, dass es Äpfel nicht so gern mag, sodass man den Versuch zur Sicherheit mit anderen Futtermitteln wie Möhren oder einem intensiv riechenden Pfefferminzleckerli wiederholen sollte. Manches Pferd ist auch so sehr auf seinen Menschen fixiert, dass es darauf wartet, dass dieser ihm hilft. Dies erkennt man daran, dass sich ein Pferd wieder und wieder abwechselnd dem Eimer und dem Menschen zuwendet, diesen ansieht oder ihn sanft auffordernd mit der Nase anstupst. Gerade Pferde, die eine sehr enge Bindung zu ihrem Menschen haben und sehr umsorgt werden, gehen anscheinend häufig davon aus, dass der Mensch ihnen früher oder später doch helfen wird.

In selteneren Fällen kann es sein, dass ein Pferd aus Angst vor dem Eimer den Versuch nicht bewältigt oder in einer erlernten Hilflosigkeit feststeckt, die es daran hindert, überhaupt aktiv ohne direkte Aufforderung des Menschen zu handeln. Bei solchen Pferden kann es helfen, kleinere Leckerlis in einer Reihe zum Eimer hin zu platzieren und den Apfel nicht vollständig zu verdecken, sondern

Wenn Pferde schon als Fohlen die Gelegenheit haben, ihre Welt intensiv zu erkunden, werden sie ihre geistigen Fähigkeiten besonders gut entwickeln können. (Foto: Shutterstock.de/JP Chretien)

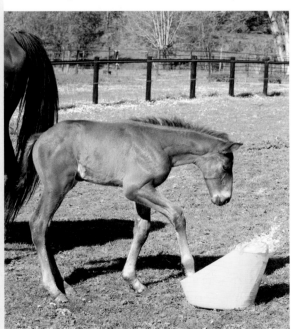

den Rand des Eimers so auf den Apfel zu stellen, dass dieser sichtbar bleibt und mit den Lippen erfasst werden kann. Manche Pferde probieren es auch deswegen nicht aus, den Eimer umzuschubsen, weil sie in der Vergangenheit gelernt haben, dass sie keine Gegenstände am Putzplatz umwerfen dürfen. In diesem Fall brauchen wir etwas mehr Geduld.

Um die Ecke GEDACHT

Schwierig für Pferde ist es, wenn der Weg zur Lösung eines Problems nicht geradlinig erfolgt, sondern wenn man zum Erreichen der erwünschten Belohnung ein entgegengesetztes Verhalten zeigen muss. In unserem Versuch soll das Pferd lernen, dass es ein Leckerli nicht aus der Hand bekommt, wenn es sich dieser direkt zuwendet und sie berührt, sondern das Leckerli erst dann freigegeben wird, wenn das Pferd seinen Kopf deutlich von der Leckerlihand abwendet. Zur Sicherheit testen wir die Fähigkeit des Pferdes, um die Ecke zu denken, lieber hinter einem stabilen Zaun und präsentieren unserem Pferd ein Leckerli in der geschlossenen Faust. Solange das Pferd mit seinen Lippen und der Zunge unsere Hand bearbeitet, lassen wir die Hand geschlossen und geben das Leckerli nicht frei. Erst wenn das Pferd den Kopf kurz abwendet, öffnen wir die Hand und überreichen das Leckerli.

Was kann man beobachten?

Die meisten Pferde werden nach nur wenigen Wiederholungen ihr Verhalten deutlich verändern. Auch wenn der Duft des Leckerlis das Tier sehr in Versuchung führt, wird es merken,

Das Leckerli wird dem Pferd erst aus der Hand gegeben, wenn es vorher den Kopf höflich abgewendet hat. (Foto: Shutterstock.de/deata)

dass der direkte Zugriff verwehrt ist, und es wird als Alternativverhalten lernen, dass nur ein Abwenden des Kopfes zum Erfolg führt. Je schneller ein Pferd diesen Zusammenhang begreift, desto erfahrener ist es vermutlich in einer solchen Art der Denkleistung und in Konditionierungsprozessen. Hat ein Pferd einmal verstanden, dass es zunächst etwas leisten muss, was nicht unbedingt direkt etwas mit der Belohnung an sich zu tun hat, so kann es dieses Wissen später auf viele verschiedene Anwendungsbereiche übertragen. Es versteht nun, dass es seine affektiven Bedürfnisse selbst steuern kann und mit einem kurzen Nachdenken sehr viel erfolgreicher ist als mit einem immer wieder gleichartigen bloßen Agieren.

Manchen Pferden fällt diese Aufgabenstellung überraschend schwer – entweder, weil sie sehr auf das präsentierte Futtermittel fixiert und dadurch eventuell zu aufgeregt sind, oder weil sie bisher noch nie die Erfahrung gemacht haben, dass sie eine Leistung erbringen mussten, um ein Leckerli aus der Hand des Menschen zu bekommen. Gerade Pferde, die immer mal eine kleine Aufmerksamkeit einfach so zugesteckt bekommen, verstehen nicht spontan, warum sie nun selbst ihren Verstand gebrauchen sollen.

VERHALTENSKREATIVITÄT

Als verhaltenskreativ kann man Pferde bezeichnen, die auf viele neue Ideen kommen und über eine große Bewegungsvielfalt verfügen. Um diese Fähigkeit zu testen, kann ein einfacher großer Pappkarton als Hilfsmittel dienen. Wir halten dazu Leckerlis bereit und legen den Karton zu unserem Pferd, zum Beispiel auf den eingezäunten Reitplatz oder ins Roundpen. Nun erhält das Pferd für jedes unterschiedliche Verhalten in Bezug auf den Karton direkt eine Belohnung in Form eines Leckerlis. Dabei sind wir sehr großzügig und werten auch kleinste Veränderungen in der Bewegung als ausreichend. So würden wir sowohl das Berühren des Kartons mit dem rechten als auch mit dem linken Vorderhuf genauso als neues Verhalten bezeichnen wie das Anschupsen mit der Nase, das Belecken mit der Zunge oder das Hinwegspringen über den Karton. Bei schüchternen Vertretern können wir auch schon den Blick zum Karton hin oder das vorsichtige Berühren mit den Tasthaaren als Erfolg werten und belohnen.

Was kann man beobachten?

Clevere Pferde sind kreativ; sie erkunden Gegenstände sehr genau und setzen dabei ihren gesamten Körper ein, um die Eigenschaften eines Objekts von allen Seiten begreifen zu können. Je unterschiedlicher die Einfälle sind, je kreativer das Pferd also herausfindet, was man mit dem Karton so alles anfangen kann, umso intelligenter ist das Tier in Bezug auf die Varianz seiner Verhaltensmöglichkeiten. Das hier beschriebene Spiel ist unter dem Begriff „101-Dinge-Box" bekannt. Spielt man dieses Spiel oft und mit vielen unterschiedlichen Objekten, wird es dem Pferd immer leichter fallen, immer mehr verschiedene Verhaltensweisen zu zeigen. Es wird schon bald begreifen, dass es darum geht, immer neue Bewegungen auszuprobieren, und es wird, zusätzlich zu den naheliegenden Bewegungen wie dem Hineinbeißen oder dem Bearbeiten mit den

Vorderhufen, auch auf ungewöhnlichere Verhaltensweisen kommen, wie etwa den Karton zu umkreisen, ihn mit einem Hinterhuf zu berühren oder rückwärts darauf zuzugehen. Wer seinem Pferd auf diese Art hilft, seinen Körper und seine Handlungsmöglichkeiten zu erkunden, der wird sicher schon bald ein sehr verhaltenskreatives Tier haben, das gern eigene Ideen einbringt und Neuem aufgeschlossen begegnet.

Konzentrationsfähigkeit
TESTEN

Um die Konzentrationsfähigkeit eines Pferdes zu testen, können wir ihm die Aufgabe stellen, an Futter zu gelangen. Dazu nehmen wir entweder eine leicht zu öffnende Futtertonne oder einen speziellen Futterball, aus dem die darin versteckten Leckerlis herausfallen, wenn das Pferd den Ball über den Boden rollt. Nun testen wir, wie lange sich unser Pferd mit der Lösung dieses Problems beschäftigt.

Was kann man beobachten?

Futterspiele beschäftigen Pferde über eine lange Zeit. In der Natur sind Pferde darauf ausgerichtet, ihr Futter auf riesigen Flächen zu suchen. Das Bedürfnis, nach Futter zu stöbern und kleine Erfolgserlebnisse zu haben, wird auf unseren Weiden mit ihrem überreichen Angebot oft nur wenig befriedigt. Haben die Pferde einmal den Mechanismus begriffen, dass sie an die Leckerbissen gelangen können, wenn sie den Futterball mit der Nase über den Boden schieben oder mit dem Fuß anstoßen, werden sie dieses Verhalten sehr

Ein Besuch zu einer ungewöhnlichen Tageszeit gibt Aufschluss über besondere Facetten der Persönlichkeiten und Gewohnheiten der Pferde. (Foto: Shutterstock.de/Dennis van de Water)

ausdauernd verfolgen und nach und nach mit der Geschwindigkeit und der Stoßintensität experimentieren.

EIN BESUCH
im Morgengrauen

Eine reizvolle Möglichkeit, die alltäglichen sozialen Strukturen einer Pferdeherde zu beobachten, ergibt sich für uns bei einem Besuch zu einer ungewohnten Tageszeit. Machen wir uns also zum Beispiel noch vor dem Sonnenaufgang auf den Weg und statten den Pferden einen Besuch ab, sodass wir bewusst außerhalb der üblichen Fütterungszeiten ihre Privatsphäre erkunden können. Wir werden einen ganz anderen Eindruck von ihnen gewinnen können, wenn sie unsere Anwesenheit nicht gleich mit dem üblichen Trainingsalltag am Nachmittag oder der entstehenden Unruhe bei der Fütterung am Morgen in Verbindung bringen. Zudem werden wir selbst zu dieser ungewöhnlichen Uhrzeit eine ganz andere Einstellung dem Stallbesuch gegenüber entwickeln können, da wir ja dieses Mal nicht zum „Arbeiten" hergekommen sind, sondern einfach nur entspannt das Verhalten beobachten und etwas mehr über den Alltag der Pferde erfahren möchten.

Was kann man beobachten?

Sobald wir im ersten Tageslicht an der Weide ankommen, werden wir zum Beispiel schon viel über die Schlafgewohnheiten der Pferde erfahren. Einige Pferde werden dösend eine ganz bestimmte Stelle im Auslauf bevorzugen,

Die Beobachtung zweier sich gegenseitig kraulender Pferde verrät uns sehr viel über die Vorlieben des einzelnen Tieres. In welcher Körperregion genießt ein Pferd die Berührungen des anderen besonders?

während andere bereits hellwach über den Paddock streichen. Auch unter den Vierbeinern findet man verschlafene Morgenmuffel und ausgesprochene Frühaufsteher. Für viele Pferdeliebhaber ungewöhnlich ist der Anblick des eigenen Pferdes, wie es noch tief schlummernd im weichen Sand liegt. Welche Schlafpositionen bevorzugt eigentlich das eigene Pferd?

Ebenso kann man zu dieser Morgenstunde sehr gut sehen, wie die Gruppenmitglieder untereinander Kontakt pflegen, also ob sie direkt neben ihren Freunden liegen oder ob sie in kleinen Gruppen über den Paddock verteilt nächtigen. Manche Pferde ziehen Plätze

vor, die möglichst weitab von ihren Artgenossen sind und vielleicht ein wenig erhöht liegen. Bei unserem Besuch können wir auch darauf achten, ob sie besonders schattige Schlafplätze aufsuchen oder ob einige Exemplare es anscheinend besonders schätzen, von den ersten Sonnenstrahlen geweckt zu werden. Natürlich kann es passieren, dass die meisten Pferde aufwachen und sich erheben, wenn sie uns wahrnehmen, aber auch an diesen Reaktionen können wir viel über ihre Schlaftiefe oder ihr Aufmerksamkeitspotenzial erfahren.

Einige Tiere lassen sich zu dieser Uhrzeit kaum aus der Ruhe bringen, entweder weil

Ein Pferd, das im Winter das Eis auf einer Wasserfläche aufbricht, zeigt seine Fähigkeiten zur Lösungsfindung. Je nach Dicke der Eisfläche wird es nur mit der Nase darauf drücken oder aber beherzt mit dem Vorderhuf zutreten.

sie einen sehr tiefen Schlaf haben oder weil sie sich auch durch ungewöhnliche Außenreize kaum gestört fühlen. Andere Pferde neigen eher zur Vorsicht oder widmen sich dem Schutz der Gruppe. Die unterschiedlichsten Verhaltensweisen, die wir bei dieser Gelegenheit beobachten, geben uns intime Einblicke in die Gruppenkonstellation und die persönlichen Vorlieben der einzelnen Tiere. Und wenn wir diese Besuche immer mal wiederholen, ergibt sich so für uns Stück für Stück ein tiefes Verständnis für ihre sanfte Natur. Denn diese ruhige und entspannte Atmosphäre zeigt uns eine weitere Facette ihres Charakters, der leicht zu übersehen ist, wenn man seinem

Pferd nur am Nachmittag begegnet und im Trubel der vielen geschäftigen Menschen die feinen Nuancen des Pferdelebens unterzugehen drohen.

VERTRAUEN GEGENÜBER
ungewohnten Untergründen

Viele Pferde mögen von Natur aus nicht gern über unterschiedliche Untergründe wie Brücken, Planen oder Geröll gehen, wenn sie die Bodenbeschaffenheit nicht gewohnt sind und in ihrem bisherigen Leben keine Gelegenheit hatten, diese zu entdecken. Nehmen wir als

Geduld zahlt sich bei kniffligen Aufgaben aus. Hier sucht das Pferd die unter einer Matte versteckten Leckerlis.

Beispiel eine oder mehrere Isomatten mit auf den Reitplatz und verstecken darunter einige Möhren. Gemeinsam mit dem Pferd begeben wir uns nun auf die Suche nach den Leckerlis.

Was kann man beobachten?

Die meisten Pferde werden zunächst zwischen oder neben den Matten auf die Suche nach den Leckerbissen gehen und genauestens darauf achten, mit ihren Hufen auf dem sicheren, ihnen bekannten Sand zu bleiben. Nach und nach werden sie entdecken, dass sich auch Möhren unterhalb der Matten befinden und dass sich diese sehr leicht mit den Hufen oder den Lippen bewegen lassen. Sie werden infolge dieser Erfahrung mutiger zu suchen beginnen und vielleicht auch aus Zufall einmal mit dem Huf auf einer der Matten stehen.

Wiederholt man ein derartiges Spiel immer mal wieder mit unterschiedlichen Mattenfarben, mit schweren Wolldecken oder knisternden Planen, so wird das Pferd eine immer größer werdende Kenntnis unterschiedlicher Bodenbeschaffenheiten erlangen und sich mutig neuen Aufgabenfeldern stellen. Diese

Art der Beschäftigung kann als eine spielerische Art der Vorbereitung auf die Überquerung echter Bodenhindernisse wie Holzplanken, Brücken oder Wippen angesehen werden.

Wichtig bei solchen vertrauensbildenden Maßnahmen ist, Geduld zu haben und dem Pferd die Zeit zu geben, die es braucht, um wirklich in seinem eigenen Tempo die Bedingungen zu erkunden. Für ein eher unsicheres Pferd kann schon eine zögerlich auf die Matte gestellte Hufspitze ein großer Erfolg sein.

Der SCHNEEMANN

Im Winter können wir mal mit einem kleinen Versuchsaufbau die Rollenverteilung innerhalb unserer Pferdeherde untersuchen. Zu diesem Zweck bauen wir außerhalb des Sichtbereichs der Pferde einen Schneemann, zum Beispiel auf dem eingezäunten Reitplatz. Der Schneemann sollte etwa die Größe eines Menschen erreichen und wir dürfen ihn auch mit einem farbigen Schal und einer Mütze ausstatten, damit die Pferde ihn auch später schon aus der Ferne erkennen können. Zudem bekommt unser Schneemann noch einen Zweig in die Seite gesteckt, und natürlich vergessen wir auch nicht die obligatorische Möhre als Nase. Nun lassen wir unsere Pferde auf den Reitplatz und beobachten genau, wer dieses ungewöhnliche Objekt zuerst wahrnimmt und wie die gesamte Gruppe reagiert.

Was kann man beobachten?

Die ersten Sekunden dieses Experiments sind besonders spannend, denn wer wird wohl als Erster den Schneemann entdecken? Einige Tiere werden sich einfach über den Auslauf freuen und ihrer Umgebung wenig Aufmerksamkeit schenken. Aber gerade die sehr vorsichtigen oder auch sehr aufmerksamen Tiere werden den ungewohnten Anblick des Schneemanns sehr schnell als fremdartig identifizieren. Ihre Reaktion auf dieses merkwürdige Objekt wird dann aufgrund ihrer alarmierten Körpersprache der gesamten Gruppe kommuniziert. Die Reaktionen können nun ganz unterschiedlich ausfallen und geben uns einen guten Einblick in die gewählten Lösungsstrategien der einzelnen Individuen.

Manche Tiere scheuen und zeigen eine Tendenz zu Fluchtverhalten, während andere eher erstarren und den Schneemann ganz genau beobachten, ohne sich von der Stelle zu bewegen. Man kann hier außerdem sehr gut beobachten, wie die einzelnen Pferde ihre Positionen zueinander ändern. Die Gruppe kann näher zusammenrücken oder sich auch hinter einem erfahrenen Tier versammeln. Auch kann sich das Fluchtverhalten eines einzelnen Tieres auf die Gruppe übertragen, wobei aber manche Exemplare dieser Gruppendynamik anscheinend nicht unterliegen und sie weiterhin ruhig verharren.

Irgendwann wird sich ein Pferd aus der Gruppe lösen und sich dem Schneemann nähern. Dies ist der Späher oder Scout einer Pferdeherde, seine Funktion für die Gruppe besteht darin, ungewöhnliche Phänomene zu erkunden. Die Rolle des Spähers übernehmen Tiere, die mutig und neugierig sind. Der Späher überprüft nun, ob von dem unbekannten Objekt eine Gefahr ausgeht, und die anderen Pferde beobachten seine Reaktionen sehr aufmerksam. Nachdem die Situation durch den Scout als ungefährlich eingestuft wird, nähern sich jetzt die anderen Pferde, je

Schnappt das Pferd sich die Möhre trotz der Scheu vor dem Schneemann?
(Foto: Shutterstock.de/Wallenrock)

nachdem, ob sie nun ihre Neugier stärker als ihre Vorsicht empfinden. Und schließlich wird sogar einer dieser Mutigen mit der Nase des Schneemanns belohnt. Zu anderen Jahreszeiten können wir das Spiel ebenso mit einer selbst gebastelten Vogelscheuche oder einem großen Plüschtier spielen. Wichtig ist immer, dass sich das Pferd nicht an den verwendeten Gegenständen verletzen kann.

Spaziergang mit
ÜBERRASCHUNGSMOMENT

Bei einem Spaziergang mit unserem Pferd können wir eine Freundin bitten, ein wenig vorauszugehen und am Wegesrand oder hinter Bäumen Möhren oder Apfelstücke zu verstecken. Wir machen uns dann gemeinsam mit unserem Pferd auf den Weg und veranstalten so eine kleine Schnitzeljagd. Unsere Freundin signalisiert uns mit ihren Blicken, wo sie die Leckereien versteckt hat, damit wir unser Pferd in deren Nähe führen können.

Was können wir beobachten?

Zuerst erscheint unserem Pferd diese Aktivität wie ein ganz normaler Spaziergang, wie wir ihn schon des Öfteren gemacht haben, denn es kann ja nicht wissen, dass wir ganz besondere Belohnungsmomente eingeplant haben. Wir führen also unser Pferd in die Nähe der versteckten Leckerbissen und warten darauf, dass sie entdeckt werden. Nach den ersten Erfolgserlebnissen wird unser Vierbeiner beginnen, aktiv nach weiteren Belohnungen Ausschau zu halten. Diese Beschäftigung entspricht den natürlichen Suchbewegungen, wenn Pferde in der freien Wildbahn auf der Suche nach Nahrung Wanderbewegungen ausführen. Wir bewegen uns hierbei sozusagen mit unserem Pferd auf einer Wanderung von einem Futterangebot zum nächsten.

Als besonderes Highlight können wir unser Pferd auch zu einigen Futterquellen hinführen und aktiv auf diese deuten, sodass das Befolgen unseres Handsignals sogleich mit einem gefundenen Happen belohnt wird. Wir spielen dann also die erfahrene Stute, die hochwertige Futterquellen auffindet und mit dem Pferd zu teilen bereit ist. Hat unser Pferd unsere Absicht erst einmal verstanden, so wird es sich vermehrt an unserer Körpersprache orientieren, um so den nächsten Leckerbissen aufzuspüren.

GESCHICKLICHKEIT

Je geschickter ein Pferd mit seinen Lippen ist, umso leichter wird es ihm fallen, seine Lippen zur Lösung der unterschiedlichsten Aufgaben einzusetzen. Ähnlich wie es uns ergeht, wenn wir mit der ungewohnten Hand die Zähne putzen oder die Schuhe binden, wird auch ein Pferd zunächst Schwierigkeiten haben, eine ungewohnte Bewegung zu verfeinern. Der Heunetz-Test gibt Aufschluss über die Geschicklichkeit eines Pferdes und bringt Beschäftigung in den Pferdealltag.

Wir geben dem Pferd zunächst lose ein Kilogramm Heu und stoppen die Zeit, die es

zum Verspeisen benötigt. Am nächsten Tag stecken wir dieselbe Menge Heu in ein großmaschiges Heunetz und messen erneut die Zeit, bis das Heu vertilgt wurde. Am dritten Tag füllen wir wieder die gleiche Heumenge in ein engmaschiges Heunetz und messen auch hier die Fressgeschwindigkeit. Diesen Versuch wiederholen wir über einige Tage hinweg und dokumentieren die Ergebnisse. Hat das Pferd schon Erfahrungen mit Heunetzen, so verwenden wir entweder engmaschigere Netze als bisher oder legen zwei oder mehr Netze ineinander.

Was kann man beobachten?

Die meisten Pferde werden den losen Heuhaufen in sehr kurzer Zeit auffressen können, hierfür ist keinerlei Geschicklichkeit nötig. Erst bei den immer engmaschigeren Netzen wird die Futteraufnahme so behindert, dass das Pferd sich mehr auf seine Aufgabe konzentrieren und Techniken entwickeln muss, die einzelnen Halme sanft zu greifen, um sie aus dem Netz herauszuzupfen. Zu rabiate Vorgehensweisen führen dabei meist nicht zum Erfolg. Es zeigt sich über einige Tage der Übung hinweg, dass die Pferde immer geschickter darin werden und dass die Zeitspanne beim engmaschigen Heunetz schon nach wenigen Tagen deutlich kürzer wird. Die meisten Pferde entwickeln großen Spaß daran, sich auf diese Art und Weise mit ihrem Futter zu beschäftigen. Wenn man einige Möhrenstücke als kleine Anreize im Heu versteckt, wird die Motivation noch deutlich erhöht, sich eine lange Zeit mit dem Heunetz zu beschäftigen. So wird Langeweile effektiv vorgebeugt.

Nachwort

PFERD UND MENSCH
Eine Seelenverwandtschaft

So ungleich Pferde und Menschen auf den ersten Blick zu sein scheinen, so sehr gleichen sie sich doch in ihren Grundbedürfnissen und Wünschen an das Leben an sich. Auch Pferde wollen glücklich sein, sie genießen die Harmonie und haben es verdient, dass man ihre persönlichen intellektuellen Grenzen respektiert. Viel zu oft werden die Rechte der Pferde nicht wahrgenommen, sie müssen Dinge tun, die sie nicht verstehen und auch nicht tun wollen – und das durchaus im Kontakt mit Menschen, die von sich behaupten, den sprichwörtlichen Pferdeverstand zu besitzen. Dabei kann die Seelenverwandtschaft zwischen Pferd und Mensch helfen, sich auf das Wesentliche zu konzentrieren und zu verstehen, was das Pferd mit seinem Verstand vom Leben weiß. Damit wird auch unser Leben bereichert.

PFERDEKOSMOS
der Gefühle

Wie wir vielleicht durch dieses Buch erfahren haben, ist Intelligenz ein ähnlich unscharfer Begriff wie Zeit. Und es ist für unseren Alltag auch wenig hilfreich, den Intelligenzquotienten des eigenen Pferdes präzise definieren zu wollen. Vielmehr sollten wir uns an der natürlichen Cleverness der Pferde erfreuen und ihnen Gelegenheit geben, uns immer wieder mit ihrer Kreativität zu überraschen. Natürlich ist nicht jedes Pferd ein kleiner „Einstein", doch jedes Individuum besitzt besondere Stärken und Vorlieben für bestimmte Beschäftigungsfelder. Wir können viel über uns und unser Pferd lernen, wenn wir mal aus der alltäglichen Routine ausbrechen und uns neuen Herausforderungen stellen. Wie agiert unser Pferd, wenn wir es mit den in diesem Buch beschriebenen Denksportaufgaben konfrontieren? Welche Formen der Belohnung werden von dem Tier wirklich als solche empfunden und wie verändert sich dadurch unsere Beziehung zueinander?

Pferde geben freiwillig so viel, sie haben möglicherweise etwas ganz Elementares besser begriffen als die meisten Menschen. In ihrer Empfindsamkeit und ihrer Fähigkeit, Gefühle eines anderen zu spüren, als wären es die eigenen, versuchen sie ständig, ihre Form des gegenseitigen Verständnisses, der Achtung und Harmonie zu vermitteln. Ob es ihnen bewusst ist oder nicht, werden wir wohl nie erfahren. Es ist auch nicht wichtig, denn wir können auf diesem Weg von ihnen profitieren, wenn wir diesen Wert des Gebens mit in unser menschliches Denken und Leben übernehmen. Vielleicht gibt es einige Grundregeln des Pferdeverstands, die wir von unseren vierbeinigen Lehrern übernehmen können:

- Sei einfach du selbst und versuche nicht, etwas vorzugeben, was du nicht bist. Jedes Pferd wird sofort durchschauen, wenn jemand nicht in sich selbst ruht und sich sein Verhalten nicht im Einklang mit seinen Gefühlen und seiner Person befindet.
- Lenke deinen Blick auf das, was wirklich wichtig ist: auf die Beziehung. Pferde werden mit einem befreundeten Menschen bereitwillig auch über die Grenzen ihrer Vorstellungskraft gehen und sind ständig bereit, ihren Horizont zu erweitern, wenn wir denn ihre Sprache sprechen.
- Fühlen und denken sind untrennbar miteinander verbunden. Wer denken will wie ein Pferd, muss das Fühlen wirklich zulassen und darf sich nicht nur auf seinen Verstand und sein Wissen verlassen. Die meisten Bauchgefühle oder flüchtigen Gedanken haben für uns Menschen auf der Verstandesebene keine Relevanz; doch in den Augen eines Pferdes zeigt sich gerade hier die wahre Intention des Menschen.

Wir spiegeln uns
IN IHREN AUGEN

Ich habe einmal auf einem Seminar gehört, wie eine Kursteilnehmerin sagte, dass ihr Pferd ihr bis zu diesem wunderbaren Augenblick des gegenseitigen Verstehens während eines einfachen Intelligenzspiels noch niemals direkt in die Augen gesehen hätte. Sie glaubte, dass Pferde generell Menschen nicht direkt ansehen,

dass es eine Form der pferdetypischen Höflichkeit wäre, und ihr war dabei nie bewusst geworden, dass ihr Pferd sie möglicherweise einfach deswegen nicht ansehen wollte, weil es sich von ihr nicht verstanden fühlte.

Pferde kommunizieren ohne Worte und sehr intensiv über den Blickkontakt, den Augenausdruck und die gezielte Bewegung der Augen. Wer einmal erlebt hat, wie vielfältig wir uns auf diese Art und Weise verständigen können, der wird seinen ehrlichen Blick kaum noch von dem Leid abwenden können, das die Augen eines Pferdes so häufig ausdrücken. Es ist so viel leichter, einfach nicht hinzusehen und sich damit abzufinden, dass Pferde angeblich eben nicht wie wir Menschen auf diesem Wege kommunizieren können, als zu erkennen, dass sie es sehr wohl können und dass wir uns immer in ihren Augen spiegeln – ob wir es wollen oder nicht, ob uns gefällt, was wir da sehen, oder nicht.

Ignorieren wir die Gefühle und Denkweise des Pferdes, so wird es uns mit seinem starren, nach innen oder in die Ferne gerichteten Blick zeigen, dass wir bei uns selbst beginnen müssen und unsere Wertschätzung für das Leben, die Gefühlswelt und das Denkvermögen eines andersartigen Wesens verändern müssen. Erkennen wir uns selbst und leben wir tatsächlich unsere menschlichen Werte der gegenseitigen Achtung und Rücksichtnahme, so spiegelt sich auch diese Intention beim direkten Blick in die Pferdeaugen. Pferde werden sich endlich von uns wahrgenommen fühlen und ihrerseits sofort auf diese Kommunikationsebene eingehen. Erst der Glanz im Blick eines Pferdes fördert den wahren Pferdeverstand in uns Menschen ans Tageslicht. Haben wir also den Mut, in den Spiegel zu blicken und der Wahrheit der Pferde ins Gesicht zu sehen.

Nachwort Pferd und Mensch

Anhang

TIPPS
zum Weiterlesen

Immanuel Birmelin:
Tierisch intelligent. Von schlauen
Katzen und sprechenden Affen.
Stuttgart: Kosmos, 2011.

Paul McGreevy:
Equine Behavior: A Guide for
Veterinarians and Equine Scientists.
Saunders, 2004.

Konstanze Krüger:
Das Pferd im Blickpunkt der Wissenschaft.
Wald: Xenophon, 2010.

Marlitt Wendt:
Wie Pferde fühlen und denken.
Schwarzenbek: Cadmos, 2009.

Marlitt Wendt:
Vertrauen statt Dominanz.
Schwarzenbek: Cadmos, 2010.

STUDIEN
im Internet

www.equineresearch.org/horse-articles.html
Hier findet man eine Menge Studien zur
aktuellen Kognitionsforschung der Amerikanerin Evelyn B. Hangii in englischer Sprache.

http://equine-behaviour.de/de/research
Viele spannende Informationen zu aktuellen
deutschen Forschungsarbeiten zur sozialen
Intelligenz von Dr. Konstanze Krüger und
ihrem Team.

www.horsesciencenews.com/horse-behavior/
articles-behavior.php
Wer immer aktuelle Forschungsergebnisse
unterschiedlicher Forscher lesen möchte, wird
auf dieser englischen Homepage fündig.

KONTAKT zur Autorin

www.pferdsein.de
Homepage von Marlitt Wendt mit Informationen zu den Themen Pferdeverhalten und
kreatives Pferdetraining sowie mit Angeboten
zu Seminaren und Vorträgen.

REGISTER

Anhang

Anhang

CADMOS PFERDEBÜCHER

Marlitt Wendt

Wie Pferde fühlen und denken

Die Welt mit Pferdeaugen sehen: Dieses Buch lädt den Leser ein auf eine faszinierende Entdeckungsreise in die Gefühlswelt der Pferde. Es bietet einen fundierten Zugang zur Sprache der Pferde, zu ihren erstaunlichen Intelligenzleistungen und ihren tiefgründigen Emotionen. Auf dieser Basis kann der Mensch lernen, bewusster mit seinem Pferd umzugehen, die Beziehung zu ihm harmonischer zu gestalten und es gewaltfrei und effektiv auszubilden.

112 Seiten · farbig · gebunden
ISBN 978-3-86127-457-5

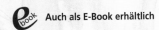 Auch als E-Book erhältlich

Karsten Kulms

Das Tao der Pferde

Dieses Buch wird Ihnen mithilfe des Taoismus neue Wege aufzeigen Ihr Pferd auf seine Art und Weise zu verstehen und somit „pferdegerechter" mit ihm umzugehen – und das ganz ohne mechanische Hilfen. Die jahrtausendealten Erkenntnisse und Prinzipien der chinesischen Philosophie des Taoismus stellen vor allem in unserer modernen Zeit eine wertvolle Bereicherung unseres Lebens dar. Demnach bedeutet diese neue Art und Weise mit dem Pferd umzugehen und vom Pferd zu lernen, auch leben lernen.

128 Seiten · farbig · gebunden
ISBN 978-3-8404-1031-4

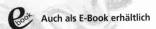 Auch als E-Book erhältlich

Marlitt Wendt

Im Dialog mit dem Pferd

Es ist ein magischer Moment, wenn Pferd und Mensch sich das erste Mal wirklich verstehen. Das positive Pferdetraining nutzt das Belohnungslernen als effektive Ausbildungsmethode und pferdegerechte Alternative zu den verbreiteten Druckmethoden. Der Clicker als Hilfsmittel fördert Intelligenz, Kreativität und Denkvermögen des Pferdes und schafft die Grundlage für eine kommunikative Beziehung zwischen Mensch und Pferd.

128 Seiten · farbig · gebunden
ISBN 978-3-8404-1016-1

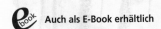 Auch als E-Book erhältlich

Stephen Rasche-Hilpert

Adel.Würde.Schönheit

Muss der Reiter wirklich immer „dominant" gegenüber dem Pferd sein? Brauchen wir Dominanztraining? Die Verhaltensbiologin Marlitt Wendt entzaubert in diesem Buch den verbreiteten Irrglauben an die Dominanztheorie und präsentiert das wissenschaftlich fundierte Freundschaftskonzept als pferdegerechte Alternative.

128 Seiten · farbig · gebunden
ISBN 978-3-8404-1002-4

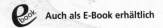 Auch als E-Book erhältlich

Cadmos Verlag GmbH · Möllner Straße 47 · 21493 Schwarzenbek
Tel. 04151-87 90 7-0 · Fax 04151-87 90 7-12
Besuchen Sie uns im Internet: www.cadmos.de